看懂新聞 3

只要1分鐘！

看新聞趨勢，挑中倍數獲利潛力股

Daily News
3D Printing:
Second industrial revolution is under way

投資專家 孫伊廷 著

自序

超越前輩，創造自己的神話

有一位教我股票投資的前輩，他從台股只有幾百檔股票的時代開始投入股市，由百萬慢慢累積到千萬，到現在逾億元身家，對於這一類的人來說，物質生活已經不是問題。近期他語重心長地告訴我，物質的滿足並不難，只要有一套正確方法，重複地運用，就能在台股中累積財富；但是真正難得的是心靈的提升，以及人格的昇華。

過去，他每天都會問自己：「透過什麼方法我才能多賺一點？運用什麼技巧才能讓自己的交易更進步？」後來在一次難得的機緣中，他發現透過幫助別人、與別人分享成功經驗所獲得的喜悅，比手中股票攻上漲停板還來得真實許多，一個不經意的小動作，給了他以往從未有過的體認。

原來對於外在財富的追求，到了一定程度之後，就會開始往內心去探索。已經擁有大安區豪宅、進口高級轎車，並且時常出國品嘗米其林三星美食的他，告訴我他決定不要再做金錢的託管人，而要用手中的財富來貫徹他的理念，把當年前輩們所授的投資心法傳承下去，這番話給了我很深的感觸。

近年來，隨著貧富差距拉大，全球瀰漫著一股仇富反商的氣息，許多人更沉淪在抱怨及報復中，我認為這正是缺少願意用心傳承的人所致。在金融市場中，賺到錢當然可喜，畢竟每個人進入股市的心願，就是希望藉由股市來達成心中的夢想；但是願意把格局放大、視野放遠，不單是自己賺錢，也幫助身邊的人一起賺錢的人，真的不多。

我認為只有大家一起進步，社會才存在正向的力量，才會變得更圓滿。如同武俠小說中的師徒對決，一旦徒弟打敗了師父，師父不僅不會記仇，還會開心地接受這個事實，因為這代表他的徒弟青出於藍，有機會把門派發揚光大，這是多麼高尚的情操！何等寬闊的胸襟！

「檢討自己，莫忘初衷」一直是我很喜歡的一句話，在前著中也曾與大家分享。若以股市來看，就是精益求精，試著讓自己的交易更好；而在每次交易後，問問自己當初進入股市的初衷為何？當初的夢想有沒有被動搖？

同樣半杯水，有的人會說「只剩」半杯水，有的人卻會說「還有」半杯水。贏家眼中往往看到機會，輸家眼中時常看到毀滅，兩者之間的差別在於贏家有著許多成功經驗，心中充滿自信，所以看到的是機會；反之，輸家由於缺乏自信，沒有安全感，所以常看到毀滅，對未來沒有指望。只是成功經驗從何而來？正來自於學習、複製，以及與人分享。

早年，中國人在傳承技藝時，師傅總喜歡留一手，再傳弟子；而有獨特手藝的人，也不敢隨便把祕方告訴同行。在這樣的情況下，好的技術逐漸失傳，十手變一手，獨家變絕響，最終消逝在世界上，讓人不禁感慨。

從前輩身上，我看到了傳承的可貴，現在我也希望藉由《看懂新聞》系列叢書，把過去每位前輩傳授予我的觀念，與各位讀者分享，希望能拋磚引玉，盡一份承先啟後的責任。

相信研讀過《看懂新聞學會避開風險，精準命中投資標的》及《看懂新聞2：剖析關鍵數字，聰明掌握進出場時機》兩書的讀者，對於台股脈絡會有更深一步的了解，從消息的解讀、財報的掌握、趨勢的研判，再到數字的分析，所獲得的不僅是投資層次的提升，對於人生也會有更深刻的體悟。

很多時候我們必須勇於承認自己的錯誤，如同前著序文所述，每一次投資決策的失敗，真正該負起責任的就是自己；當我們把所有心力耗在責怪社會、抱怨別人，批評哪一檔股票大漲是炒作，哪一家公司誠信不佳卻還大漲時，哪裡還有時間與精力去改變現況呢？投資如此，人生也是如此。讓我們從現在開始，一起換個心念，改變昔日的思維，設法超越前輩，創造屬於自己的投資神話吧！與投資朋友共勉之。

目錄

第1章 快速掃描30個熱門關鍵趨勢

第2章 迅速掌握8個生技醫療發展

第3章

一次透析12個事件後續效應

目錄

第4章 搶先解讀8個重要政策影響

第5章 一網打盡14個企業策略效應

第1章

快速掃描
30個熱門關鍵趨勢

1 3D列印將掀起第三次工業革命，哪些股票可望受惠？

3D列印技術被《經濟學人》（*The Economist*）譽為第三次工業革命，一九八〇年代在歐美國家興起，主要依據電腦內的設計圖，以液體或粉末（塑膠粉、不鏽鋼粉、鈦粉等）為列印材料，利用XYZ三軸立體噴出物件，將物件分層列印堆疊，最後經過硬化烘乾處理，進而完成作品。

3D列印具有速度快、生產成本低、應用範圍廣泛等優點，能夠滿足少量多樣、客製化的市場，與過去製造業走量產、規格化的方式不同。先前由於多項3D列印相關專利把持在美國3D Systems及德國EOS等大廠手中，造成產業發展較為緩慢，直到近年來相關專利陸續到期，市場才逐漸熱絡起來。目前在微軟Win 8.1作業系統中，也宣布將原生支援3D列印，要讓這項技術更加普及。

現階段3D列印陸續應用於珠寶首飾、鞋類、工業設計、建築、汽車、航太、軍事等領域上，最常見的包括造型公仔、手機保護殼等，而像美國福特汽車（Ford）的變速箱零件、運動鞋大廠Nike及Adidas的球鞋等，近年也引進3D列印技術來製作樣品及客製化產品，而與人們生活相關的糧食及醫療領域，也是未來3D列印的發展重點。

根據Wohlers Associates諮詢公司的預測，3D列印市場規模可望由二〇一三年的三十五億美元，成長到二〇一九年的六十五億美元，保持年均二位數的成長，後續在科學家、製造商、材料商、設計師、各大企業的努力下，這個市場規模可能更大；而知名市調機構Gartner也指出，隨著3D印表機的價格逐漸調降，市場需求也將隨之成長，預估二〇一六年企業級3D印表機價格將降至兩千美元以下，這也會吸引更多企業願意添購3D列印設備，跨入相關領域。

目前在台股中具3D列印概念的業者，多以代理3D繪圖軟體、代理3D列印設備、代工3D列印設備，以及生產零組件及耗材為主；另外，也有部分業者推出自有品牌的機台，進軍全球市場，只是由於整體產業尚處於起步階段，對於多數公司的營運貢獻仍不明顯，占營收比重普遍不高。

代理3D軟硬體的實威（8416），不僅代理達梭科技旗下3D繪圖軟體SolidWorks，也代理3D Systems的列印機器，近年積極布局中國市場；軟體代理商大塚（3570）目前代理商業軟體大廠Autodesk、美商參數科技高階3D CAD軟體Pro/E等，作為３Ｄ實體列印前，處理３Ｄ影像之用；軟體代理商上奇（6123）繼代理多項３Ｄ繪圖軟體後，也傳出有意跨入代理銷售３Ｄ印表機業務；神達控（3706）旗下北美大型通路商新聚思（ＳＮＸ）獲得美國３Ｄ列印大廠3D Systems納入經銷通路體系，開始銷售相關產品；辛耘（3583）則取得美商３Ｄ列印大廠ExOne在台灣、中國及新加坡市場的獨家代理權，搶攻大中華地區商機；聯強（2347）取得Autodesk旗下３Ｄ列印產品代理權；大世科（8099）也跨入３Ｄ列印領域；震旦行（2373）也與３Ｄ列印大廠Stratasys簽約，拿下Stratasys產品於中國市場的獨家代理權，搶攻中國３Ｄ列印商機。

中光電（5371）子公司——中光電系統工程，以每台二一九九美元的低價策略，推出自製的３Ｄ印表機；金仁寶集團的金寶（2312）、泰金寶（9105）也共同投資三緯國際立體列印科技，一邊推出自有品牌的３Ｄ印表機，一邊則爭取國際廠商代工訂單；擁有３Ｄ列印機器光機構件技術的揚明光（3504），自行量產的３Ｄ列印機器已開始出貨，也有歐美客戶洽談ＯＤＭ代工業務中。

神基（3005）與日本松浦聯盟籌組「台積層製造公司」（ＴＡＭＣ），搶攻３Ｄ列印高端模具商機；線性滑軌的上銀（2049）已計畫投入高階３Ｄ列印設備主機的開發；直得

（1597）所生產的微型滑軌為３Ｄ列印機台的關鍵零組件，出貨對象為中國低階３Ｄ列印機台業者；亞光旗下的亞泰（4974），以ＣＩＳ影像感測器技術，開發出３Ｄ列印機的光學引擎；均豪（5443）、東台（4526）、東捷（8064）轉投資的東捷雷射也跨入３Ｄ列印設備領域；而聯鈞（3450）的雷射發射器產品，也搭上３Ｄ列印題材。另外，國精化（4722）生產的ＵＶ光固化材料，可用於３Ｄ列印耗材粉末（光敏樹脂）上；客製化合金粉末的鑫科（3663）、環保材料聚乳酸的偉盟（8925）等，都是３Ｄ列印材料產業的一環。

日前３Ｄ列印材質仍以塑膠爲大宗，未來何時能往金屬及陶瓷元件領域發展，列印出能應用於飛機、汽車與醫療器材的元件，是該產業能否進一步成長的關鍵，日前3D Systems購併法商Penix，即是看中其金屬３Ｄ列印的技術。

另外，科學家現已開發出細胞印表機，能填充生物墨水（bio-ink）來製造可存活的幹細胞，藉由３Ｄ列印技術，未來人類可望複製大量幹細胞，幹細胞臍帶血銀行也將出現新商機，臍帶血的訊聯（1784）、尖端（4186）、轉投資大展幹細胞生技的加捷（4109）都具相關概念，而聯合（4129）也傳出跨入生物骨幹耗材領域，只是目前再生醫學趨勢尚未成熟，距離進入人體臨床還需一段時間，相關業者短期由此不易出現實質獲利，先以概念視之為宜。

1分鐘
選股指南

3D列印概念股

3D列印 繪圖軟體代理	實威（8416）、大塚（3570）、上奇（6123）、聯強（2347）、大世科（8099）
3D印表機代理銷售	實威（8416）、辛耘（3583）、神達控（3706）、震旦行（2373）
3D印表機 （自製及代工）	中光電（5371）、金寶（2312）、泰金寶（9105）、揚明光（3504）
3D機台零組件	高端模具—神基（3005） 滑軌—上銀（2049）、直得（1597） 光學引擎—亞泰（4974） 雷射發射器—聯鈞（3450）
3D列印設備	均豪（5443）、東台（4526）、東捷（8064）
3D列印耗材	國精化（4722）、鑫科（3663）、偉盟（8925）
幹細胞臍帶血	轉投資大展幹細胞生技—訊聯（1784）、尖端（4186）、加捷（4109）
生物骨幹耗材	聯合（4129）

2 網路應用帶動巨量資料需求，誰能搶攻相關商機？

隨著行動裝置普及、電子商務興起，加上社群網路及即時通訊軟體的快速發展，民眾上網的時間也隨之增加，每個動作都在產生「資料」；而在這些行為軌跡及數據資料的背後，隱藏著民眾的各項習慣與傾向，而且不論虛擬或實體世界皆然，只要能善加利用這些統計數據，進行系統化的分析，相關商機就在其中。

企業、團體，甚至個人，透過對資料的分析就能知道目標客群關心什麼商品？什麼時段進行促銷最有效益？什麼區域的選民對候選人的支持度高？進而針對目標對象採取相應的措施，以提升銷售額，或是增加支持度。而這個龐大的行為資料庫，目前即被市場稱之為「巨量資料」（Big Data）。

巨量資料現階段尚未有一個明確的定義，常見的說法是指無法以傳統流程或工具處理、分析的資料，現在廣為各國政府及企業大量運用，擬定政策及策略。舉例來說，二〇一二年美國總統大選時，歐巴馬的競選團隊就使用了巨量資料來進行選戰分析，他們發覺選民喜歡小型宴會、競賽、名人加持等元素，因此順勢推出了一系列活動，進而贏得選戰。

美國線上影片出租公司Netflix使用巨量資料來交叉比對客戶的收視傾向，讓網站推薦給客戶的影片中，有七五％會被消費者採用，不僅降低了行銷成本，增加了Netflix與客戶之間的黏著度，業績也獲得提升；西班牙知名服飾品牌ZARA也是透過巨量資料分析，了解顧客的行為模式與消費喜好，一年推出一萬兩千款時裝，搶攻全球服裝市場，這些都是巨量資料在生活中的案例。目前零售、醫療、政府、能源、電信、金融、製造與娛樂等八大產業，都已開始運用巨量資料進行分析。

目前巨量資料市場中，最成熟的開放技術架構是Hadoop，它不僅能處理1 TB（1024 GB）以上的巨量資料，並且不只局限在結構化資料，還能加入非結構化資料的分析，將過去難以儲存、處理、分析的資料全部加以應用。現今包括臉書及奇摩都使用Hadoop架構的軟體平台，而近年來Google繼Hadoop技術架構後，更推出Dremel技術架構，未來查詢1 PB（1024 TB）的資料量，只需要三秒鐘左右的時間，讓人類在巨量資料的分析運用上，又向前跨了一步。

二〇一二年三月，美國宣布投資兩億美元，啟動「巨量資料研究和發展計畫」，包括巨量資料分析及巨量資料在醫療、天氣和國防等領域的運用，並將數據資料定義為「未來的新石油」，等於把巨量資料定位在國家戰略發展的層級，一個國家數據資料的規模以及解讀分析的能力，將影響未來各國的國力強弱。根據Wikibon研調單位的預估，二〇一七年全球巨量資料處理市場將成長至五三四億美元，較二〇一二年底的五〇·一億美元，成長超過十倍，年複合成長率高達五九％，發展前景看好。

目前巨量資料處理軟體多包裹在伺服器裡一起銷售，所以許多國際大廠都與台灣系統軟體業者合作。資訊服務的精誠（6214）與企業數據軟體Splunk大廠進行策略聯盟，切入巨量資料商機，不僅銷售內建Splunk軟體的整體解決方案SBOX，更以Splunk為巨量資料軟體引擎，整合Hadoop技術，並能整合其他資料庫軟體如SQL等，以客製化方式達到精準行銷的目的。另外，精誠也接獲中國移動第二階段小規模試單方案，未來隨著各項產業對資料處理與分析需求增溫，營收可望持續向上。

系統整合的大世科（8099）也推出巨量資料管理方案，搭配專業整合服務，搶攻相關商機；系統整合的零壹（3029）旗下有多項系統整合軟體，能協助客戶因應巨量資料運算與管理，都具相關概念；而台達電（2308）及光寶科（2301）近年也切入巨量資料領域，推出工業自動化（IA）和資料中心的系統整合產品，都有機會受惠於相關商機。

在巨量資料的建構過程中，對於伺服器、儲存設備、交換器等需求提升，在第六篇伺服器概念股單元中，將有進一步說明；只是目前全球的巨量資料尚在導入期，這部分商機對伺服器相關企業的營收貢獻仍不明顯。

而隨著巨量資料不停產生，網路監管及安全的需求也增加，生產「應用交付控制器」（ADC）的F-安瑞（3664），能減少伺服器的資源耗損、增加伺服器的使用效率，像阿里巴巴、新浪等都是F-安瑞的間接客戶，未來隨著政府與企業推動巨量資料，業績也可望增溫；立端（6245）專攻網路安全、控管伺服器，在網路安全及流量管控重要性與日俱增下，未來營運也有想像空間；其陽（3564）切入網路安全平台，後續在與國際大廠合作轉趨緊密下，業績也值得留意。

1分鐘選股指南

巨量資料概念股

資訊服務／系統整合	精誠（6214）、大世科（8099）、零壹（3029）
資料中心產品	台達電（2308）、光寶科（2301）
網路安全及監管	F–安瑞（3664）、立端（6245）、其陽（3564）
伺服器代工	鴻海（2317）、英業達（2356）、廣達（2382）、神達控（3706）、緯創（3231）
伺服器機殼	勤誠（8210）、營邦（3693）
伺服器電源	台達電（2308）、康舒（6282）、新巨（2420）
伺服器滑軌	川湖（2059）、印刷電路板（PCB）伺服器—先豐（5349）、博智（8155）

3 頁岩氣洗牌全球能源版圖，哪些概念股值得關注？

「能源」一直是世界各國共同面臨的議題，誰掌握能源，誰就等於掌控世界的主導權；從煤炭到石油，每一次都帶給全球一個新的震撼。近年來，人們終於突破從頁岩層提取天然氣的技術障礙，從頁岩層中開採出天然氣，也就是所謂的頁岩氣（shale gas），它不僅被稱為又一次的能源革命，更被視為影響世界現況的關鍵。究竟什麼是頁岩氣呢？後續的商機又有多大？

頁岩氣藏於深達數千公尺地底下的頁岩層，早年由於開採成本過高，加上技術尚未成熟，經濟效益不合成本，因此，一直僅是科學家研究的範圍。直到二〇〇五年起由於天然氣價格上揚，才讓人們對頁岩氣探勘及開採技術的研發轉趨積極，最後終於發展出水平鑽井（Horizontal Drilling）和水壓裂解（Hydraulic Fracturing）技術，利用極高壓將混合水、沙與化學物之液體注入井內，用沙來「撐開」岩石形成的縫隙，這將使得吸附或游離狀態存在於泥岩、高碳泥岩、頁岩及粉砂質岩類夾層中的天然氣，可通過縫隙流向井筒，然後再流向地表，進而順利開採出來；有時也會連帶開採出原油，也就是頁岩油。

近年來由於世界各國對能源需求持續上升，進而對頁岩氣之類的非常規能源愈趨重視。根據KPMG全球能源研究院二〇一一年報告，全球最大潛在蘊藏量的國家為中國，約有一二七五兆立方英尺，其次為美國的八六二兆立方英尺，全球頁岩氣總量則約為六六〇〇兆立方英尺。目前在全球頁岩氣產業中，由於美國及加拿大等北美地區起步較早，無論是探勘及生產都已進入商業性開發的階段，進展最快；至於能源自給度嚴重偏低的中國，頁岩氣則被政府列為施政重點，規畫在十二五計畫中完成相關探勘技術，而在未來的十三五計畫中將實施大規模開發。

根據美國能源資訊署（EIA）公布的〈二〇一三年度能源展望早期報告〉，美國天然氣產量將由二〇一一年的二十三兆立方英尺，成長到二〇四〇年的三三．一兆立方英尺，大幅成長四四%，成長的主因即是頁岩氣；根據EIA的預估，二〇一一年頁岩氣的生產量占全美天然氣產量的三〇%，到了二〇四〇年，頁岩氣產量的比重將達到五〇%，這也將帶動美國未來有機會從天然氣的淨進口國變成淨出口國，也將對全球天然氣，甚至能源市場產生影響。

頁岩氣大量開採後，天然氣的價格將愈趨低廉，連帶地影響到石油價格的長期趨勢——過去油價上升對於經濟成長的威脅減弱，製造業生產成本也隨之降低，過去各國普遍受制於中東產油國的情況不再，這也讓許多石化產業積極前往美國德州、路易斯安那州等頁岩氣大州設廠，甚至連鋼鐵、化學等能源密集的產業也為了取得便宜的能源，紛紛往美加靠攏。

台塑集團（1301）旗下的台塑美國廠將全面採用頁岩氣當進料，大幅降低營運成本，產品價差將大幅拉大，而台塑持有台塑美國廠約二二％股權，後續可望受惠；而台化（1326）、南亞（1303）及台塑化（6505）由於也持有台塑股票，將間接受益；至於台肥（1722）持股五〇％的朱拜爾肥料廠以天然氣當進料，後續營運也將受益；台泥集團旗下中橡（2104）美國廠也改用頁岩氣來降低燃料成本。簡單來說，優先受惠的企業爲目前已使用頁岩氣生產設備的業者，由於能享受到美國天然氣價格僅是歐洲三分之一的優勢，生產成本大幅降低，後續利差空間不容小覷。

頁岩氣商機備受矚目，統包工程的中鼎（9933）積極參與美國石化廠產能擴建工程，並與台塑美國廠接觸，後續不排除透過購併或是策略聯盟方式，進入美國市場；程控工程的巨路（6192）在中國布局多時，客戶分布煉油、石化、天然氣等產業，由於看好中國石化業客戶積極投入頁岩氣領域，陸續展開相關探勘及開採的規畫，後續可望帶動汙染控制氣閥與模組需求，二〇一三年下半年起效益已慢慢顯現。

東元（1504）所生產的大型工業馬達，可作為開採用的幫浦與壓縮機，目前已接獲不少訂單，後續對營收貢獻將慢慢顯現；至於一些客戶以頁岩氣為進料的企業，後續業績也有機會加溫，如高力（8996）的美國燃料電池熱反應爐客戶SOFC，康舒（6282）的燃料電池客戶Bloom Energy等都是以頁岩氣為進料。另外，一些塑化及化工廠，只要未來能夠調整設備，改用頁岩氣為進料，如華夏（1305）、大洋（1321）等，後續營運也值得追蹤。

1分鐘選股指南

頁岩氣概念股

以頁岩氣為進料	台塑（1301）、台肥（1722）、中橡（2104）
工程及設備	中鼎（9933）、巨路（6192）、東元（1504）
客戶以頁岩氣為進料，間接受惠	康舒（6282）、高力（8996）

4 4G LTE商機全面啟動，哪些基地台及光纖業者有望獲利？

隨著行動裝置的普及以及網路應用的增加，包括巨量資料、雲端服務、物聯網、影音串流等，都成為人們生活中的一部分，對於上網的需求也隨之增加，這也帶動了全球4G LTE（Long Term Evolution）產業的快速發展，用戶數快速成長。

LTE是4G之中一項無線數據通訊技術標準，目前全球已有一百六十三個商用LTE網路，超過四百一十五家營運業者計畫投資LTE，美國、日本、南韓等都已推出4G服務。根據統計，至二〇一三年底，全球LTE用戶數可望突破一億戶，而到了二〇一四年底，隨著愈來愈多4G服務的推出，全球LTE用戶數可望達到二．五億戶，至於到了二〇一六年時，全球LTE用戶將可望成長至五．九億戶，呈現倍數成長。

由於4G LTE具有大頻寬、高傳輸速率與低延遲的優勢，相較於3G的上網速度來得快速許多，因此，應用層面也隨之增加。根據使用者實際使用速率顯示，過去下載一張2 MB

的照片，3G需要四秒，4G只需要〇．八秒即可；過去下載音樂十首（約60 MB），3G需要一百二十秒，4G只需要二十四秒；而下載一部兩小時的電影（約4700 MB），3G需要一百五十六分鐘，4G只需要三十分鐘，而且使用4G以APP直接看電影時，不會再像使用3G時斷斷續續，而能夠順暢播放。簡單來說，過去卡卡的視訊、費時的下載，在4G時代都能獲得解決。

伴隨著全球4G環境成熟，具有4G LTE功能的產品數量也隨之增加。根據統計，二〇一二年全球4G LTE產品大約有四百一十七種，二〇一三年則成長到一千多種，其中以具有4G LTE功能的智慧型手機成長率高達四倍，增加幅度最為可觀；而預期到了二〇一四年，將有更多的科技產品將4G LTE納為標準配備，這也將成為帶動4G產業發展的動力。另外，多家研究機構預期二〇一三年底，中國可望正式發放TD-LTE牌照給境內的三家電信營運商，等於二〇一四年中國的4G就將正式啟動，後續將有愈來愈多用戶加入4G LTE的行列。

目前二〇一三年第一季全球4G LTE前五大使用國家，分別為美國、南韓、日本、澳洲及加拿大。在《看懂新聞學會避開風險，精準命中投資標的》一書中，曾提到過去台灣政府發展行動寬頻時，由於力挺英特爾的WiMAX，結果押錯寶；如今，回過頭發展4G LTE，不僅起步落後歐美國家，連亞洲鄰近國家都已領先台灣，直到二〇一三年第四季才以史上最高的一一八六．五億元總標金，加入4G布建國家的行列。

對於台灣4G產業供應鏈而言，4G LTE商機主要來自基地台、數據機及小型基地台等，只是由於大型基地台商機主要被愛立信、諾基亞西門子、阿爾卡特—朗訊、中興及華爲等國際大廠廠商拿下，台廠只能透過零組件供應間接得利，真正的發展關鍵仍在如何與國際大廠合作，像是專注於特定技術的研發（如微型基地台），或發展高頻構裝技術及通訊關鍵組件（如天線、射頻晶片、高頻被動元件），就是近年台廠進軍全球4G市場的模式。

若以中國電信業者為例，為了迎接4G時代的到來，二〇一三年七月已啟動4G LTE網通設備招標，第一波採購商機就高達兩百億元人民幣以上，後續金額更為可觀，如何搶下全球布建4G的商機，成了廠商勝敗的關鍵。

4G基地台的興起，對於基地台元件及零組件的需求隨之增加，4G基地台板的先豐（5349）、基地台用高頻通訊板的新復興（4909）、基地台射頻天線廠譁裕（3419）、無線寬頻設備頭端（RRH）設備的台揚（2314）、微波高頻通訊元件的昇達科（3491）、深耕微波通訊技術的啟碁（6285）、4G基地台晶片代工的智原（3035）等，後續可望與大廠合作，拿下4G基地台相關訂單，未來前景看好，後續值得鎖定。

至於4G LTE設備，建漢（3062）、正文（4906）、中磊（5388）、智易（3596）、合勤控（3704）、友訊（2332）、明泰（3380）等網通大廠，都已布局相關領域多時，後續營運值得觀察。

此外，在4G LTE之後，網路上的資料傳輸量大增，過去的固網寬頻無法負荷，各大電信廠商陸續往光纖建置發展，包括LTE基地台之間的資料傳輸採用光纖網路、電信端升級至光纖級骨幹網路等，可望帶動光纖主動元件模組與光被動元件、纜線的需求，相關廠商如華星光（4979）、光環（3234）、聯鈞（3450）、波若威（3163）、上詮（3363）、前鼎（4908）、台通（8011）、F-眾達（4977）等，後續業績將隨之成長；另外，隨著行動裝置將4G LTE列為標準配備，手機晶片的聯發科（2454）、網通晶片的瑞昱（2379）、4G LTE手機檢測的耕興（6146），以及PA功率放大器相關的全新（2455）、穩懋（3105）、宏捷科（8086）等，未來也有機會受惠，後續業績也值得觀察。

1分鐘
選股指南

4G概念股

4G基地台元件／零組件	先豐（5349）、新復興（4909）、譁裕（3419）、台揚（2314）、昇達科（3491）、啟碁（6285）、智原（3035）
網路通訊設備	建漢（3062）、正文（4906）、中磊（5388）、智易（3596）、合勤控（3704）、友訊（2332）、明泰（3380）
光纖／光通訊	華星光（4979）、光環（3234）、聯鈞（3450）、上詮（3363）、波若威（3163）、前鼎（4908）、台通（8011）、F–眾達（4977）
4G行動裝置	聯發科（2454）、瑞昱（2379）、耕興（6146）、全新（2455）、穩懋（3105）、宏捷科（8086）

5 無線充電技術正夯，最具成長動能的廠商為何？

無論使用智慧型手機或平板電腦等行動裝置，待機時間長短一直是使用者所關注的焦點，一旦電力不足就必須盡速充電，以維持行動裝置的正常運作。一般的充電初步可分為有線及無線兩種類型，有線充電即為傳統的充電方式，需要電源插座及充電器等，優點是效率高、速度快；缺點是必須占用多個電源插座，並且易有電線纏繞的問題出現。因此，近年來科技界開始往無線充電領域發展。

無線充電的優點是安全、耐用、便利，但缺點是效率低、速度慢，且成本高。另外，由於各品牌的無線充電裝置多數尚無統一標準，兼容性不高，使用不易，為此，近年業界也開始推動標準化。

二〇〇八年底，多家科技大廠共同創立無線充電聯盟（Wireless Power Consortium，WPC），以制定所有電子設備都能相容的無線低功率充電國際標準，即所謂「Qi標準」。

以今年上市的三星旗艦手機Galaxy S4為例，三星就推出了Galaxy S4專屬的無線充電背蓋，搭配通過WPC聯盟Qi標準的無線充電器，使用者只要將手機放在充電器上即可隨時進行充電，不再受制於電線的干擾。

值得一提的是，Qi並不是唯一的無線充電標準，先前蘋果就取得了屬於自己的無線充電專利。至於三星雖然S4以Qi標準推出，但早與高通（Qualcomm）聯手合組無線電力聯盟（Alliance for Wireless Power，A4WP），目前也已有許多科技大廠加入。另外，由Google、AT&T與星巴克等廠商支持的無線充電標準陣營PMA（Power Matter Alliance），布點多在機場、體育場館、餐廳、健身房和髮廊等區域，目前全美已有超過一千五百個採用PMA標準的無線充電設備點，近期也獲得HTC、中興、華為、LG與三星等多家業者支持，一起搶攻無線充電的後續商機。

根據市調機構iSuppli預估，二〇一三年全球無線充電市場產值可望達到一四〇億美元，而到了二〇一五年，更將一舉攀升至二三七億美元，市場規模大增近七成，出貨量更將上看一億台規模。目前包括新款Nexus 7、三星Galaxy S4、諾基亞Lumia 920、Lumia 925等多款智慧型手機都具備了無線充電功能，未來也可望往平板電腦、筆電、數位相機、車用裝置等領域發展，潛在市場相當可觀。

ＩＣ設計的凌通（4952）旗下微控制器（ＭＣＵ）產品正式切入無線充電市場，已獲無線充電聯盟（ＷＰＣ）認證，為國內首家通過認證的ＩＣ晶片廠，相關產品已逐步量產，未來隨著智慧型手機應用增溫，出貨可望逐漸放量；ＭＣＵ大廠盛群（6202）目前也積極投入無線充電產品開發，預計二〇一三年第四季推出。另外，像聯發科（2454）、立錡（6286）等ＩＣ設計大廠也加入了ＷＰＣ，朝無線充電領域發展。

電腦周邊的致伸（4915）切入無線充電模組有成，已供貨無線充電器給諾基亞，現階段客戶數量持續增加中，後續占營收比重也將隨之提升；同屬電腦周邊的群光（2385）旗下也有無線充電裝置的組裝業務；電子產品測試驗證服務的耕興（6146），獲得無線充電聯盟正式批准為ＷＰＣ認證實驗室，為亞洲第一家獲得認證的公司，目前近八成智慧型手機及筆電業者都是其檢測認證服務的客戶，後續在新功能效應下，營運也具成長動能。

半導體大廠英特爾看好無線充電市場前景，認為該功能將在消費性電子領域大放異彩，二〇一二年也宣布與ＩＤＴ合作，發展無線充電晶片，預計在Ultrabook內建電磁共振無線充電技術，讓智慧型手機僅須靠近Ultrabook，即可取得電力。筆電代工大廠仁寶（2324），將為英特爾開發內建無線充電模組的筆電，也具無線充電概念；合併建興電後的光寶科（2301），旗下手機用車用無線充電器已量產出貨，後續出貨量可望放大；奇力新（2456）、美磊（3068）、鈞寶（6155）、千如（3236）生產無線充電裝置的感應零件；而大聯大（3702）旗下世平集團與富威集團也推出無線充電裝置零組件；另外，力銘（3593）、正崴（2392）、台達電（2308）等大廠也跨入無線充電器領域，未來發展都值得關注。只是目前無線充電業務占相關企業營收比重仍然有限，後續占營收比重是否拉高，進而對獲利產生貢獻，將決定股價的想像空間。

1分鐘選股指南

無線充電概念股

無線充電IC	凌通（4952）、盛群（6202）、聯發科（2454）、立錡（6286）
無線充電模組／組裝	致伸（4915）、群光（2385）
無線充電器	力銘（3593）、正崴（2392）、台達電（2308）
無線充電裝置感應零件	奇力新（2456）、美磊（3068）、鈞寶（6155）、千如（3236）
無線充電裝置零組件	大聯大（3702）
手機用車用無線充電器	光寶科（2301）
無線充電檢測驗證	耕興（6146）

6 Google、臉書帶動雲端熱潮，哪些伺服器業者前景看好？

雲端服務興起，人們藉由行動裝置，無時無刻都享受到雲端服務帶來的便利性，Google、臉書、微軟、亞馬遜等提供企業或個人雲服務的企業，由於累積的用戶數量及服務項目不斷增加，為了服務龐大用戶的需求，近來紛紛在全球各地搶建資料中心，這也帶動了伺服器、資料中心等後端硬體的需求成長。

以全球搜尋龍頭Google為例，除了搜尋服務外，近年也提供了多項應用服務，像是新聞、翻譯、電子郵件、網路硬碟以及相簿等項目，甚至也自行研發了瀏覽器及作業系統，累積了龐大的線上用戶，為此，Google近年來持續擴充旗下的機房及資料中心數目，帶動了伺服器的需求。

目前最火熱的社群網站臉書、微博、推特等，不僅個人能和親友分享近況與心情，企業也能藉由廣告或應用程式吸引用戶的目光，使得該平台的使用者快速增加，後端硬體的需求也隨之提升，同樣扮演了伺服器產業的重要推手。以臉書為例，目前全球已經累積超過十億名使用者，為此，臉書也開始增建旗下的資料中心，而由於臉書對於伺服器的需求相當龐大，雲端伺服器的相關硬體設備產業都可望受惠。

目前全球雲端伺服器的硬體設備，多數由台灣雲端廠商以ODM方式輸出，再掛國外大廠的品牌出貨；只是近年來隨著Google、臉書等雲端服務業者積極擴充用戶數量，大舉建立新的資料中心，這些網路業者考量到購置成本及後續維修問題，加上國際品牌大廠服務優勢並不明顯之後，開始自行設計伺服器硬體及最佳化的機房架構；而在硬體端上，也直接找上原本幫國際大廠代工的台灣廠商合作，為台廠開創了一個白牌的服務模式。例如臉書就推出了OCP（Open Compute Project）計畫，公布了許多資料中心相關的硬體設計，包含電源供應、主機板規格甚至機櫃的尺寸，都訂定了一套新的規格，以讓更多業者能參與計畫，像目前廣達（2382）及緯創（3231）就已加入OCP。

目前全球雲端資料中心每年商機達三兆元，台廠在軟硬整合下可推出雲端機房整合方案，正積極打入全球雲端大廠供應鏈，後續產值隨著雲端產業需求提升持續走高，尤其在英特爾新伺服器平台Avoton登場後，更讓多家大廠擴大對台採購量，雲端伺服器產業發展前景看好。

鴻海（2317）近期加速雲端布局，已啟動私有雲解決方案「雲起計畫」，積極朝商業化發展，目標鎖定中國客戶；而神達控（3706）由PC轉型雲端領域，「雲」事業群占營收比率達六〇%以上，代工Oracle、IBM、Dell等高階伺服器，並發展自有品牌泰安（TYAN），也是雲端伺服器重要大廠。

Google擴張雲端業務積極，該伺服器供應商廣達及緯創，業績可望穩健向上；英業達（2356）供貨Google美國組裝廠伺服器準系統，二〇一四年起供貨量可望放大，後續營運也具想像空間；二〇一二年打入Google供應鏈的營邦（3693），以提供機架式伺服器機箱、系統平台及儲存系統產品為主，二〇一三年交貨比例放大，後市也值得留意；沖壓件的F-聯德（4912）供貨給Google美國伺服器代工廠Material In Motion，二〇一三年第四季也切入廣達替Google代工伺服器中的沖壓鐵件，伺服器占總營收逾三〇%，營運與伺服器需求呈現正相關；超眾（6230）受惠Google對其採購量增溫，二〇一三年伺服器散熱模組出貨超過七百萬套，較二〇一二年成長四成，伺服器占營收比重，年底有機會達四〇%。

銅箔基板的台燿（6274）旗下High Tg耐熱基板，耐熱達攝氏一百七十至一百八十度，主要應用在基地台、伺服器等領域，能確保設備運作穩定，毛利較一般產品高，相關產品營收比重持續提升，有助於後續獲利表現；伺服器PCB的先豐（5349）在高階伺服器電路板領域布局多時，與國際大廠關係密切；仁寶集團的博智（8155）主攻伺服器市場，切入ASP高的伺服器背板，並跨足伺服器刀鋒背板及厚板，隨著伺服器需求提升，營運也逐漸增溫；伺服器機殼的勤誠（8210）在雲端業務已有六個客戶，包括一線品牌大廠、資料中心客戶，網路業者也正在接洽中；營邦（3693）專攻機架式伺服器機殼，近年拿下亞馬遜、Google等一線大廠雲端訂單，業績也可望持續向上。

台達電（2308）、康舒（6282）、新巨（2420）切入伺服器電源領域多時，在雲端運算熱潮興起下，也陸續拿下相關訂單，業績穩健向上；而川湖（2059）為亞洲唯一專業伺服器用導軌製造廠，客戶包括國內外伺服器大廠；在伺服器需求增溫下，營運前景也看好，後市也可留意。

1分鐘
選股指南

伺服器概念股

伺服器代工	鴻海（2317）、英業達（2356）、廣達（2382）、緯創（3231）神達控（3706）
伺服器機殼	勤誠（8210）、營邦（3693）
伺服器電源	台達電（2308）、康舒（6282）、新巨（2420）
伺服器滑軌	川湖（2059）
伺服器散熱模組	超眾（6230）
伺服器 PCB	先豐（5349）、博智（8155）
伺服器基板	台燿（6274）
伺服器沖壓件	F–聯德（4912）

7 行動支付全球熱，NFC技術崛起，哪些廠商可望受惠？

近年來，行動支付全面進入人類的生活，實體店面、購物網站、大眾運輸等產業紛紛搶進行動支付商機，人們出門再也不怕忘了帶皮夾，只要持有具行動支付功能的智慧型手機，照樣可以輕鬆消費，甚至還能享有折扣、購物滿額贈、抽獎等多項服務，行動支付的熱度在全球持續增溫。

美國行動支付市場競爭愈來愈白熱化，根據調查，已有逾三〇%以上的民眾開始使用行動支付，美國的餐廳與各式商店逐漸捨棄昂貴的收銀機和刷卡機，改用可搭配智慧型手機和平板電腦的便宜行動支付裝置。PayPal、Square和Groupon等業者也積極開發更輕便的支付設備，以配合行動裝置使用；而中國電信商中國移動與中國銀聯合作，於二〇一三年正式推出NFC手機錢包，而接著中國聯通也正式切入行動支付市場，攜手中國光大銀行發布手機錢包業務，光大銀行並已在全中國三十個一線城市開展這項業務，中國兩大電信商扮演著行動支付市場的重要推手。

台灣方面，目前金管會也著手開放手機信用卡業務，有多家銀行也推出結合NFC手機的Micro SD卡與SIM卡手機信用卡，在經過時間測試後，預計二〇一四年可望大幅成長！

根據市場研究機構公司Gartner報告指出，二〇一三年全球行動支付交易總金額將達到二三五四億美元，比起二〇一二年的一六三一億美元，年成長率達四四％！至於全球使用行動支付的用戶數目將可達二．四五二億戶，比起二〇一二年的二．〇〇八億戶，增加近二二％；而隨著NFC的手機和讀卡機逐漸普及後，NFC支付總金額的成長率將逐步上升，到了二〇一七年預計該市場規模可望達到七二一〇億美元，用戶數目超過四．五億戶，整體行動支付市場規模正持續擴大，尤其近期隨著IC設計安全微控制器（secure MCU）技術成熟，及非接觸式晶片NFC已導入智慧型手機應用帶動需求，相關商機正迅速浮現。

行動支付熱潮，帶動了NFC的需求。所謂NFC是一項短距離的高頻無線通訊技術，由無線射頻識別（RFID）以及互聯技術演變而來，能夠允許電子設備之間進行非接觸式的點對點資料傳輸；經過多年的研發，目前NFC技術已獲得電信業者及手機品牌大廠認同，陸續將行動裝置與小額付費金融機制結合，使用者僅需攜帶具備NFC功能的手持式行動裝置，就可方便地在生活中進行消費，等於是讓智慧型手機化身為電子錢包，可用來刷卡付費。這也吸引了全球各家晶片廠包括恩智浦（ＮＸＰ）、意法（ＳＴ）、英飛凌（Infineon）等，紛紛跨入手機ＮＦＣ晶片領域，搶攻後續市場大餅。

手機晶片大廠聯發科（2454）二〇一三年初推出ＮＦＣ晶片，而即將與其合併的Ｆ-晨星（3697）也布局ＮＦＣ領域多時，相關ＮＦＣ產品已陸續出貨中；而威盛（2388）旗下手機晶片廠威睿，先前在出貨給Google Galaxy Nexus的CDMA/EVDO Rev晶片中早已支援ＮＦＣ技術，後續營運也可望加溫。

行動支付的應用，資料加密也是重要的一環，消費性ＩＣ的偉詮電（2436）布局行動支付平台的記憶體控制ＩＣ（ＳＤＩＯ）領域多時，二〇一三年下半年已推出手機用的NFC SDIO加密控制晶片產品，目前正與多家ＣＯＳ（Card Operation System）系統商進行認證，未來一旦認證通過，出貨可望明顯成長；國內矽智財供應商力旺（3529）先前傳出所開發的嵌入式非揮發性記憶體（eNVM），已正式獲得恩智浦（ＮＸＰ）下一代ＮＦＣ晶片採用，後續可望有權利金入帳，後市值得觀察；而盛群（6202）、聯傑（3094）也切入ＮＦＣ相關領域。

被動元件的美磊（3068）由於電感產品可進一步延伸應用在天線端，使智慧型手機客戶可以節省一道工序，因此也跨入ＮＦＣ領域。目前採用鐵氧體製程生產的ＮＦＣ相關天線產品，已正式出貨給智慧型手機廠，並順利打進兩大手機晶片廠聯發科和博通（Broadcom）的公板參考設計中，可望與公板搭配出貨。另外，也開發出ＮＦＣ晶片開始小量出貨，後續業績看俏；啟碁（6285）、譁裕（3419）也推出ＮＦＣ天線，其中啟碁在雷雕天線（ＬＤＳ）著墨甚深，未來可望將相關技術結合ＮＦＣ出貨手機廠，營運也具想像空間；而鈞寶（6155）與美國當地提供銀行交易平台的資訊服務公司合作，也有相關ＮＦＣ產品推出。

目前手機搭配ＮＦＣ刷卡，可分為背夾式、Micro SD記憶卡及ＳＩＭ卡等三種方式，群聯（8299）已與國泰世華和萬泰銀行合作，提供Micro SD記憶卡或利用ＮＦＣ讀卡機讀取內建智慧晶片方式，進行手機刷卡消費業務，搶攻相關商機；刷卡機的同亨（5490）擁有Visa、MasterCard及PayPass等信用卡公司認證，受惠旗下客戶美國最大聯合信用卡清算公司ＦＤＣ積極布建ＮＦＣ行動支付裝置下，持續接獲相關訂單，後續業績也看好。

1分鐘
選股指南

行動支付概念股

NFC晶片	聯發科（2454）、F–晨星（3697）、美磊（3068）、威盛（2388）旗下手機晶片廠威睿、盛群（6202）、聯傑（3094）
手機加密控制IC	偉詮電（2436）
NFC矽智財	力旺（3529）
NFC天線／元件	美磊（3068）、啟碁（6285）、譁裕（3419）、鈞寶（6155）
SD記憶卡	群聯（8299）
行動支付刷卡裝置	同亨（5490）

8 超高解析度4K2K電視需求飆漲，誰能搶攻這塊大餅？

近年來，電視廠商積極投入4K2K電視的生產之中。所謂4K2K指的是高解析度面板，解析度為3840×2160和4096×2160畫素兩種規格，相較於Full HD電視解析度為1920×1080，4K2K相當於四倍的Full HD規格，又被市場稱為「超高解析電視」。

由於4K2K採用氧化物薄膜電晶體（Oxide）製作，具備高速電子移動速度，不僅可使電視更為輕薄，畫面也將更為細緻，因此，4K2K電視普遍被市場視為是下一世代電視的基本規格。

目前一線國際品牌廠推出的4K2K電視，多數整合了3D及智慧上網等高附加價值功能，並且尺寸多為五十吋以上的產品，以五十五吋及六十五吋為主，只是這樣齊全的功能，導致4K2K電視的零售價格偏高，再加上符合4K2K規格的播送、傳輸標準尚未成型，使得一般民眾不願空有4K2K電視，卻沒有足夠的內容節目以供觀賞，因此先前銷售情況平平。

根據研調機構WitsView預估，二〇一三年4K2K電視面板出貨滲透率僅〇．八%，二〇一四年隨著各大廠投入製造低成本的4K2K面板，滲透率才有機會攀升至二%，而在調整規格與簡化架構，陸續導入五十吋以下機種後，整體售價才有可能逐漸降低至消費者心中可接受的範圍，市場規模才會逐步擴大。

目前像LGD、華星光、三星等都已投入五十吋以下的4K2K面板生產，規畫推出不同尺寸的產品，以符合消費者的需求，群創（3481）目前開發了六十五吋、五十吋、四十二吋、三十九吋的4K2K面板，而友達（2409）也陸續推出四十二吋及五十吋的4K2K面板，兩者合計在全球4K2K面板中拿下近八〇%的市占率；整體4K2K電視在索尼、LG、三星等國際電視品牌大廠紛紛調降一五%到二〇%售價，以及中國電視業者積極降價促銷4K2K電視，讓4K2K電視與Full HD電視價差縮到僅剩一〇%至一六%下，市場需求可望逐步浮現。而根據摩根士丹利（Morgan Stanley）預估，在中國電視大廠降價促銷下，二〇一三年4K2K電視銷售將達到三百萬台，而二〇一四年4K2K電視銷售更將來到一千兩百五十萬台。

4K2K電視供應鏈中，聯發科（2454）4K2K系統單晶片已陸續出貨，預計二〇一四年要推出整合型單晶片商品，而瑞昱（2379）也推出4K2K電視系統單晶片，提供更高解析度、更大視角，同時也解決超大尺寸電視像素點太大、清晰度變差的問題，目前已打入群創各尺寸產品，積極搶攻相關商機。

由於4K2K電視較一般傳統電視需要三到四倍的驅動ＩＣ，因此，ＬＣＤ驅動ＩＣ大廠聯詠（3034）營運可望加溫；ＬＣＤ驅動ＩＣ封測大廠頎邦（6147）供應大尺寸驅動ＩＣ的ＣＯＦ封裝產線，受惠4K2K電視備貨需求增溫，產能利用率也將提升，業績也有機會受惠；超高解析度面板對於畫質更為要求，ＩＣ設計的F-IML（3638）所生產的新一代高單價P-Gamma整合晶片，可藉由軟體來自動偵測及調節電壓，提升電壓行進過程中的精準度，進而調整最適合使用者的色彩及解析度，目前已打入中國大廠4K2K電視供應鏈，後續出貨也可望增溫。

宏正（6277）也積極搶攻4K2K電視商機，除了已推出符合4K2K影音串流的ＨＤＭＩ延伸器、多埠ＨＤＭＩ分享器等產品線外，由於4K2K顯示器的訊號量是Full HD規格的四倍，後續業界更規畫將傳輸量再倍增，為此，宏正已投入光纖傳輸領域，並和國際知名電視品牌廠策略合作，未來對營收也可望產生貢獻；金屬沖壓件廠嘉彰（4942）及Ｆ－乙盛（5243）生產液晶電視框架，隨著4K2K電視走向大尺寸及窄邊框下，金屬材質的框架逐漸成為主流，未來業績也看好。

靶材的光洋科（1785）布局4K2K電視領域多時，跨入新世代面板ＩＧＺＯ的靶材，二

○一二年起陸續出貨，隨著大尺寸電視需求增溫，業績也有成長空間。光電業特用化學材料廠達興（5234）也投入4K2K面板的研發，新開發的4K2K面板用銅蝕液及液晶已小量出貨，將陸續貢獻營收。

各品牌大廠競相推出4K2K電視，許多面板零組件廠也相繼跨入該領域，增亮膜大廠友輝（4933）產品以電視應用為主，隨著相關客戶大尺寸電視出貨增溫，增亮膜需求也加溫，業績可望受惠；偏光板的奇美材（4960）在主力客戶群創積極推動4K2K電視面板下，近期也陸續推出大尺寸的產品，一旦通過客戶認證，業績也可望增溫。只是由於4K2K電視占整體電視出貨比重仍低，後續觀察重點仍在降價之後，市場買氣能否迅速增溫，帶動出貨量提升？而這也是投資4K2K電視產業時，需要關注的焦點。

1分鐘選股指南

4K2K電視概念股

4K2K面板	群創（3481）、友達（2409）
4K2K電視晶片	聯發科（2454）、瑞昱（2379）
LCD驅動IC	聯詠（3034）
LCD驅動IC封測	頎邦（6147）
P-Gamma整合晶片	F-IML（3638）
HDMI延伸器、多埠HDMI分享器	宏正（6277）
金屬沖壓件	嘉彰（4942）、F-乙盛（5243）
面板材料及零組件	光洋科（1785）、達興（5234）、明基材（8215）、友輝（4933）、奇美材（4960）

9 機器人時代來臨，中國將成最大市場，投資人如何布局？

為了提升生產效率，以及顧及勞工工作時的安全性，自動化設備的應用成了全球製造業的趨勢，尤其是與危險（Dangerous）、骯髒（Dirty）、困難（Difficult）等三D工作相關性高的產業中，機器人已逐步取代了人工作業；而在日常生活中，導覽、清潔、保全、醫療照護等領域，引進機器人的比率也愈來愈高，全球機器人產業持續蓬勃發展。根據相關預估，二〇一六年全球機器人的市場規模將增至二〇二億美元。電影《鋼鐵人》（*Iron Man*）中，主角家中的智慧管家「老賈」未來將不再只是電影情節，而有可能出現在每個人家中！

機器人產業初步可分為工業用機器人與服務型機器人，工業用機器人主要設於製造業的生產線上，包括汽車、金屬、化工、塑膠、食品／飲料、資訊與通信科技（ＩＣＴ）等行業都可見到工業用機器人。近年來由於勞工薪資上揚，以及機器人價格趨於合理，各個產業對於機器人的接受度更是持續提升。

以中國為例，二〇一二年中國工業用機器人銷量為二．七萬台，較二〇一一年的二．三萬台，成長了一七％，中國政府的十二五計畫也將工業用機器人列為七大戰略性新興產業之一；未來隨著經濟起飛，民眾消費力道增強，上游製造業為了滿足新增的消費需求，持續投資在機器人設備上，這對該產業發展將有正面助益，國際機器人工業聯合會（IFR）就預測二〇一四年中國將成為全球最大工業用機器人的市場。

服務型機器人主要用於日常生活上，包括國防、救災、醫療、健康照護、農用、水下、建築、家庭事務與益智娛樂等項目，目前最常見的即是用於清潔的機器人iRobot，協助家中環境維護。由於全球許多國家步入高齡化時代，未來勞動力逐漸減少，服務型機器人的需求也隨之增加，歐、美、日等先進國家都已將健康照護型機器人列入機器人發展政策中，以日本為例，日本經濟產業省就估算，日本專門用於照護、清掃、警備等服務業領域的機器人市場，將在二〇三五年達到四兆九千億日圓，爲工業用機器人市場規模的一．八倍，將會是未來機器人的主流。

在台灣，二〇〇六年「智慧型機器人產業發展推動計畫」啟動後，台灣機器人產業整體產業規模六年間從二六〇億元，成長至二〇一二年的五四〇億元，成長一．〇七倍，目前規模持續增加中。製造大廠的鴻海（2317）及裕隆（2201）等為了解決缺工問題，並提升生產效率，投入機器人領域相當積極，以鴻海為例，二〇一二年旗下的機器人數量僅三十萬台，而預估要在二〇一四年達到一百萬台的水準，這對機器人相關產業有利。

工業用機器人供應鏈中，可分為上游零組件端、中游產品端、下游整合應用端等，這是台灣布局較深的一塊，像驅動零組件的東元（1504）、士電（1503），平台控制的松翰（5471）、F-亞德（1590）等多家大廠都陸續跨入機器人產業的應用；電源感測的台達電（2308）二〇一二年也籌設智慧型機器人暨自動化工程研發中心，二〇一三年機械手臂陸續出貨，後續營運值得追蹤；線性滑軌的上銀（2049）由零組件跨入機器人領域，不僅單軸機器人與直角座標機器人陸續量產，多軸機器人也開始小量出貨，另外也推出六軸機器人、蜘蛛型機器人、晶圓機器人，以及內視鏡扶持機器手臂、下肢肌力訓練機等醫療用機器人，積極搶攻機器人商機。

工業電腦的研華（2395）購併寶成集團旗下工業控制器子公司寶元數控，擴大在智慧控制與機器人領域的布局，搶攻機器人商機的企圖心明確；和椿（6215）耕耘機器人領域多年，旗下多軸多功能機器人及Σ單軸機器手臂等產品，近年也有不少斬獲；盟立（2464）過去成功推出多項機器人產品，而最新開發的3D視覺機器人，已送裕隆汽車測試，一旦通過認證，可望成為二〇一四年的成長動能，後續也可留意；至於設備廠的廣運（6125）、均豪

（5443）也推出機器人相關產品，未來效益也值得觀察。

微星（2377）投入自主性機器人系統研發多年，成果已逐漸顯現，不僅推出導覽用的「瑞奇」機器人，也推出智慧型清潔機器人iCleaner，能協助人類處理事務，後續發展值得追蹤；皇田（9951）則持續開發智慧型割草機器人及自動跟隨的高爾夫桿弟機器人等產品，也具相關概念；華寶（8078）也跨足機器人產業，推出多款家用教育娛樂機器人。另外，昆盈（2365）也切入家用機器人領域；和碩（4938）也有代工生產機器人。只是現階段機器人領域對各企業的營收貢獻不大，後續以觀察中小型股本的自動化設備廠為先。

1分鐘選股指南

機器人概念股

工業用機器人	鴻海（2317）、東元（1504）、士電（1503）、松翰（5471）、F–亞德（1590）、上銀（2049）、研華（2395）、和椿（6215）、盟立（2464）、廣運（6125）、均豪（5443）
服務型機器人	微星（2377）、皇田（9951）、華寶（8078）、昆盈（2365）、和碩（4938）

10 智慧電視將成下一個革命性產品，哪些企業搶進相關領域？

過去電視一直是家庭娛樂的主戰場，到了二十世紀末，隨著網路普及，電視的功能也愈來愈多元。前蘋果執行長賈伯斯曾預言：「智慧電視將成為下一個影響人類生活的革命性商品。」如今，各大電視品牌廠紛紛推出智慧電視搶市，相關熱潮逐漸在全球蔓延開來，賈伯斯的預言又一次被驗證。

智慧電視（Smart TV）是一部搭載了作業系統（如Google的Android及Apple的iOS），並且能上網的電視，讓使用者不僅能觀看付費電視平台提供的數百個頻道，也能在電視平台的應用商店中下載各類應用程式，使用搜尋引擎，觀看網路上的影音內容如Netflix、YouTube等，並且也能結合智慧型手機或平板電腦，進行影音、社群、遊戲及檔案分享等，扮演著家庭視聽娛樂中心的角色。小米科技CEO雷軍就表示：「未來手機就是電視的遙控器，電視就是手機的顯示器。」智慧電視將與手持式行動裝置合而為一，與傳統電視有極大的不同。

根據Gartner最新分析報告預測，二〇一二年全球平面智慧電視產量將從二〇一二年的六千九百萬台，增加至一億八百萬台，而到了二〇一六年更將上看一億九千八百萬台，屆時平面電視總出貨量中，將有八五％爲智慧電視，目前各科技大廠都開始布局，推出相關產品來測試市場反應；而在中國科技界，智慧電視也成為各企業較勁的熱門產品。

三星近年持續推出智慧電視產品，搭載聲控、體感、臉部辨識等功能，訴求聲控更自然、體感控制更多樣，且能配合雙手感應放大、縮小、旋轉、單手比讚，有助於使用者與智慧電視的互動，備受市場矚目；而LG也推出搭載智慧遙控器（Magic Remote）、個人化智慧介面的智慧電視，搶攻相關商機。

中國電子商務龍頭阿里巴巴不僅與華數傳媒合作，推出機上盒產品，更與中國電視生產商創維宣布合作，共同發表搭載創維天賜系統／阿里雲OS雙平台，四十二吋一九九九元人民幣的「酷開」品牌智慧電視；樂視網與鴻海合作推出「樂視TV—超級電視」，打出三十九吋一九九九元人民幣的售價，受到市場好評；而以小米機走紅的小米科技也推出小米電視，四十七吋僅二九九九美元，也引起話題。聯想更在二〇一三年中國「一一一一」光棍節，推出三十二吋的智慧電視，只要一九九九元人民幣的破盤價。一股智慧電視的熱潮正在全球，尤其是中國市場蔓延開來。

中國各大科技公司，不論是軟體或硬體業者，都瞄準智慧電視背後的應用平台，推出相關商品搶市。ＩＣ設計業者近年積極跨入智慧電視晶片領域，聯發科（2454）今年智慧電視晶片出貨比重增加，目前智慧電視晶片出貨已占整體電視晶片約二〇％；晨星（3697）跨入智慧電視產業多時，聚焦於運算效能及性價比上，未來在併入聯發科集團後，營運更具想像空間；聯詠（3034）針對智慧電視推出的控制ＩＣ產品已升級至四核心，二〇一三年第四季陸續出貨；瑞昱（2379）的電視晶片目前全球市占率約在一〇％到一五％之間，現在正積極搶市，目標是在二〇一五年市占率達到二五％；凌陽（2401）與矽統（2363）合資成立電視晶片廠傳芯，現階段最大客戶是電視代工廠冠捷，目前也展開智慧電視晶片的研發。

組裝代工廠也是智慧電視趨勢下的受惠族群，鴻海（2317）替樂視網組裝代工「樂視ＴＶ—超級電視」，也自製大尺寸的智慧電視；瑞軒（2489）轉投資品牌ＶＩＺＩＯ也發表智慧電視；緯創（3231）繼拿下Google TV相關產品代工訂單後，也爭取到小米電視代工訂單，積極往智慧電視領域靠攏；佳世達（2352）則替ＬＧ代工智慧電視訂單；仁寶（2324）也具智慧電視組裝代工能力；另外，聲寶（1604）、大同（2371）、東元（1504）等國內電視品牌廠也陸續推出智慧電視，與國際品牌大廠一較高低。

為了搶攻智慧電視衍生的商機，機上盒、電視棒等不同形式的產品也紛紛問世。Google先前推出Chromecast網路串流電視棒，售價三十五美元，只要在電視的HDMI插口插上這款電視棒，就能將各種平台上的影片，串流到電視上播放。海華（3694）供應Chromecast無線模組，正文（4906）、兆赫（2485）也積極布局Chromecast所用的Miracast技術，可用於手機與大螢幕等的串流播放，後續效益也值得觀察；而揚智（3041）則看好消費者未來在多屏轉換上的需求，也切入多屏互聯的訊號轉換晶片，後續營運也具題材性。

1分鐘選股指南

智慧電視概念股

智慧電視晶片	聯發科（2454）、晨星（3697）、聯詠（3034）、瑞昱（2379）、凌陽（2401）與矽統（2363）合資成立電視晶片廠傳芯
智慧電視組裝代工	鴻海（2317）、瑞軒（2489）、緯創（3231）、仁寶（2324）、佳世達（2352）
智慧電視自有品牌	聲寶（1604）、大同（2371）、東元（1504）
機上盒&電視棒	海華（3694）、正文（4906）、兆赫（2485）
多屏互聯轉換晶片	揚智（3041）

11 台灣第三方支付即將開戰，台股誰具相關概念？

全球電子商務熱度延燒，據美國知名市場研究機構eMarketer所發布的報告，光是B2C（Business to Customer）——也就是企業對消費者的電子商務模式，整體預估銷售金額就上看一．二兆美元，而買家規模更將達到一〇．三億人，整體產業蓬勃發展；而以電子商務為中心的周邊產業，如第三方支付、網路安全、系統整合、物流業等更是雨露均霑，其中第三方支付在國外行之有年，像美國eBay旗下的PayPal、中國淘寶網旗下的支付寶等都已提供此服務多時，台灣則直到二〇一三年才規畫開放。

究竟什麼是第三方支付（Third-Party Payment）？簡單來說，就是買方選購商品後，使用第三方支付平台所提供的帳戶支付貨款，然後由第三方通知賣家貨款到達，可以進行發貨；隨後買方收到貨物並檢驗完後，即通知第三方將貨款轉至賣家的帳戶，完成一次交易。

一開始會有第三方支付的出現，主要是為了減少網路交易時買賣雙方對彼此的不信任，藉由有一定實力和信譽保障的獨立機構擔任信用仲介的角色，能對買賣雙方進行約束，大幅降低電子商務中的詐欺行為，不僅能增加消費者對於線上交易的信心，也讓商家願意投入更多資源在電子交易上，此對拍賣（C2C）平台的消費者與中小賣家最為有利，有助電子商務的長線發展。

現階段國內線上信用卡刷卡、配合賣家的信評機制，加上貨到付款模式，已初步滿足了一定程度的線上交易者；反而目前政府對於第三方支付網路儲值業務的開放方式限制頗多，包括規定儲值上限為三萬元、非金融業者須採電子票證、第三方支付與電子票證必須是兩家公司、賣方不能使用儲值帳戶，並且必須以實名認證……等，因此初期不易衝高營收，與相關業者的業績連動性有限，真正的長期效益在於愈來愈多人願意使用網路交易，以及放寬第三方支付的額度後，電子商務交易金額隨之增加才會受惠，目前可先以題材視之。

根據經濟部預估二〇一二年台灣電子商務產值逾六六〇〇億元，二〇一三年受惠傳統零售業加入電子商務經營，以及網購人口穩定增加，產值更將上看七六〇〇億以上，這讓許多業者看好第三方支付服務的發展前景。

網家（8044）為國內最大電子商務集團，旗下擁有持股六五％的露天市集、持股五九．九％的商店街（4965），以及從事第三方支付服務的PChomePay支付連（網家及商店街皆有持股）等，在電子商務領域布局完備；在第三方支付開放，買方的交易權益更有保障下，有助於電子商務發展，後續業績可望直接受惠，值得鎖定；線上遊戲業者歐買尬（3687）旗下轉投資第三方支付平台「歐付寶」，已與中國最大的C2C平台淘寶網，與最大的B2C購物商城京東商城完成金流界接，並且也與中國兩大支付系統——淘寶網旗下的支付寶、騰訊旗下的財付寶完成界接合作，未來一旦啟動兩岸跨境交易，營運最具想像空間。

台灣線上遊戲大廠智冠（5478）旗下MyCard平台早在多年前就提供類似第三方支付的點數儲值服務，並與台灣三十多家銀行有合作經驗，日前也跨入第三方支付，正式成立「智付寶」，希望由既有的MyCard服務，延伸至網路商城，或實體商品領域，以提升集團營運規模，未來發展也值得觀察；而線上遊戲業者橘子（6180）旗下也有樂點卡數位科技，目前公司規畫由既有的遊戲點數業務，延伸到提供第三方支付及線上儲值上，也具相關概念，後續可留意。

第三方支付服務有助電子商務的發展，中長線來看，相關業者可望受惠，包括線上旅遊業的鳳凰（5706）、雄獅（2731）、易飛網（2734）、燦星旅（2719）等，以及網路相關軟體、商品等經營商包括數字科技（5287）、東森（2614）、一零四（3130）、統一超（2912）、尚凡（5278）及關貿（6183）等，後續在業務發展上將更為有利。以東森為例，近年就積極發展兩岸網購市場。

電子商務日漸普及，物流及金流的重要性也將提升。物流及運輸倉儲業中，東元集團旗下的台灣宅配通（2642）、大榮（2608）、台驊（2636）、中菲行（5609）等，未來業績都可望受惠；至於金流方面，玉山金（2884）旗下的玉山銀日前發表第三方支付平台，成為國內首家提供線上儲值支付帳戶與實名認證的金融業者；而第一金（2892）旗下的第一銀也建置「跨境第e支付」；另外，還有永豐金（2890）旗下的永豐銀、中信金（2891）旗下的中信銀等都已獲准辦理第三方支付業務，都值得列入追蹤。

1分鐘選股指南

第三方支付受惠股

第三方支付服務業者	網家（8044）、歐買尬（3687）、智冠（5478）、橘子（6180）
電子商務業者	商店街（4965）、東森（2614）、統一超（2912）
電子商務輔助系統	關貿（6183）
金融業者	玉山金（2884）、第一金（2892）、永豐金（2890）、中信金（2891）
物流業者	宅配通（2642）、大榮（2608）、台驊（2636）、中菲行（5609）

12 中國自有品牌智慧型手機崛起，哪些業者有望搭上熱潮？

近年來，中低階智慧型手機崛起，帶動了全球智慧型手機市場規模持續成長，二〇一三年上半年全球智慧型手機出貨量就高達四．五七億支，年增四六%！若進一步觀察各家品牌的消長，南韓大廠三星由於產品線分布完整，由高階機種至中低階機種都有，上半年出貨量達一．四億支，較去年同期成長六四．三%，市占率達三〇．七%，居全球之冠；而居次的蘋果，由於產品線以高階為主，上半年出貨六千八百六十萬支，僅較去年同期成長一二．三%，市占率一五%，顯見中低階機種對於智慧型手機大廠，搶奪全球市占率的重要性愈來愈高。

觀察二〇一三年上半年全球智慧型手機大廠的出貨量，華為、聯想、中興及酷派等四家中國手機廠，上半年合計出貨量已高達七千四百九十萬支，占全球上半年總出貨量的一六．四%，其中出貨量全球第四的華為，二〇一三年上半年出貨量為兩千一百二十萬支，較去年同期成長八一・五%；出貨量全球第五的聯想，上半年出貨量為一千九百八十萬支，較去年同期成長一七一・二%。二〇一一年才進入智慧型手機市場的聯想，相關智慧型手機業務能呈現快速成長的原因，就在於搭上中國智慧型手機市場起飛的熱潮。

這些中國智慧型手機大廠，靠著中國市場快速崛起之後，為了拓展版圖，近期也積極切入全球市場。中興通訊以搶攻第三世界及新興市場為主，二〇一三年宣布與印度德里的Calyx公司合作，搶攻印度市場，計畫第一年就要在印度售出一百萬支智慧型手機；華為更比照蘋果、三星等全球知名大廠，在倫敦的圓屋劇場發布了全球最薄的智慧型手機Ascend P6，並且也仿效一線國際大廠，在中國開設體驗店，拓展新通路模式，搶攻全球市場企圖心明顯。有國外媒體就報導，華為手機注重創新、價格相對低廉，頗受發展中國家消費者的歡迎，這讓華為已成為智慧型手機市場上不可忽視的力量。

至於聯想除了已經是全球第一大PC品牌外，也積極搶攻智慧型手機及平板電腦市場，日前更傳出有意以併購國際大廠的方式，迅速打開國際市場的版圖。對於台廠而言，誰能夠打入聯想、中興、華爲、酷派等供應鏈，誰就有機會搭上中國智慧型手機大廠搶攻全球的列車，後續隨著中國品牌在全球的知名度提升，出貨量隨之增溫，營運就可望受惠。

即將併入仁寶（2324）的華寶（8078）為聯想及酷派的ODM代工廠，目前已全面改為生產智慧型手機，後續中國客戶積極搶攻全球市場下，業績可望隨之成長；手機晶片的聯發科（2454）由於產品性價比高，獲得聯想、小米、酷派等多家中國廠商採用其手機晶片，在中國市場能見度大增，後續隨著愈來愈多中國廠商採用，業績將明顯提升，營運也將持續向上；威盛（2388）旗下威睿電通投入CDMA2000手機基頻晶片市場多年，是高通以外唯一一家能夠出貨CDMA2000規格手機晶片的業者，二〇一三年與聯發科結盟共同搶攻中國電信訂製手機標案有成，手機晶片出貨大增，並成功打入聯想、中興、華為、酷派等中國四大手機廠生產鏈，後續營運也具有想像空間。

由於中國智慧型手機業者出貨持續增溫，對檢測認證的需求持續放大，電子檢測驗證服務的耕興（6146）布局4G LTE檢測等多項技術已久，且在昆山、深圳、西安都有實驗室，在中國各大手機品牌廠持續推出多款高、中、低階智慧型手機產品來刺激買氣下，營運可望持續向上，獲利也可望提升；電感的奇力新（2456）所生產的微型一體成型電感能提升智慧型手機待機時間，今年來已陸續打入小米、中興、華為供應鏈，未來業績也將隨著相關客戶出貨增溫而上揚。

機構件廠晟銘電（3013）所生產的NMT機殼打入華為手機供應鏈，在行動裝置產品持續當紅下，後續業績可望加溫；手機按鍵與輕合金的閎暉（3311）近年也打入中國華為、小米等供應鏈；滎茂（4729）近年跨入塑膠手機機殼領域，以中國手機市場為主，目前已打入中興、華為、聯想、酷派等中國智慧型手機品牌供應鏈，後續出貨可望持續放量；ＬＥＤ晶粒的新世紀（3383）透過ＬＥＤ封裝廠打入中國品牌手機廠；連接器廠艾恩特（3646）接獲中國智慧型手機廠訂單，供應電池連接器；而保護元件的興勤（2428）、中小面板的彩晶（6116）、ＬＣＤ驅動ＩＣ的奕力（3598）及旭曜（3545）、重力感測器的矽創（8016）、觸控ＩＣ的義隆電（2458）及Ｆ-敦泰（5280）、機殼的位速（3508）、石英元件的晶技（3042）也打入中國品牌智慧型手機供應鏈，後續業績都有成長空間。只是由於中國智慧型手機以平價策略爲主，產品價格競爭劇烈，一旦市場需求轉弱，相關供應鏈業績就容易受到衝擊，這是在投資時須留意之處。

1分鐘選股指南

中國自有品牌智慧型手機供應鏈

組裝代工	華寶（8078）
手機晶片	聯發科（2454）、威盛（2388）旗下威睿電通
手機檢測驗證服務	耕興（6146）
微型一體成型電感	奇力新（2456）
手機按鍵與輕合金	閎暉（3311）
機殼	熒茂（4729）、晟銘電（3013）、位速（3508）
LED晶粒	新世紀（3383）
電池連接器	艾恩特（3646）
保護元件	興勤（2428）
中小面板	彩晶（6116）
LCD驅動IC	奕力（3598）、旭曜（3545）
重力感測器	矽創（8016）
觸控IC	義隆電（2458）、F-敦泰（5280）
石英元件	晶技（3042）

13 指紋辨識功能成智慧型手機新趨勢，何者值得列入追蹤？

指紋辨識功能發展已久，早在二〇〇〇年起，許多商務型筆電為了確保機密資料不外洩，部分高階機種即配有所謂的指紋辨識系統，如戴爾、聯想、東芝等廠牌都已經使用多時；後來隨著USB隨身碟興起，為了防止機密資料及照片遭竊取，在USB隨身碟中也加入了指紋辨識功能；而在行動裝置上，過去部分具有PDA功能及近場無線通訊（NFC）的手機，也曾採用指紋辨識系統，只是由於這種生物辨識技術，目前僅限於特定機種及特定地區，尚未全面普及，因此市場接受度有限。這個現象直到蘋果的iPhone 5s主打指紋辨識「Touch ID」功能，終於出現改觀，市場開始樂觀預估蘋果此舉將帶動手機用指紋辨識感測器需求，呈現爆炸性增長！

根據日本市場研調機構富士總研（Fuji Chimera Research Institute, Inc.）最新公布的調查報告指出，二〇一二年全球手機用指紋辨識感測器市場規模為二億日圓，預估二〇一三年將暴增至七十二億日圓，二〇一七年將進一步擴大至二七〇億日圓的規模，較二〇一二年暴增一百三十四倍！而這個引爆市場需求的功臣正是蘋果。

早在二〇一二年，為了推出指紋辨識功能，蘋果就以三．五億美元買下指紋辨識開發商AuthenTec，而先前美國政府也核准了蘋果的指紋辨識技術專利，讓蘋果領先全球，推出搭載電容式指紋辨識感測器（Fingerprint Sensor）的iPhone 5s。

現在iPhone 5s的使用者只要輕按Home鍵就能為手機解鎖，不僅登入更快速，且透過指紋辨識作為手機的第一道安全防線，能防止小偷和駭客竊取手機的內容，未來隨著行動支付／電子錢包時代來臨，指紋辨識或其他生物辨識功能的重要性及普及度將愈來愈高，蘋果等於讓指紋辨識系統成為每個行動裝置的基本配備，這也將迫使其他競爭對手跟進，將指紋辨識納入基本配備中。

而就在iPhone 5s發表不久，宏達電所發表的新機 HTC One max也搭載了指紋辨識功能。有外資研究機構就表示，指紋辨識系統將是未來行動裝置的主流，搭載指紋辨識系統的智慧型手機與平板電腦的市占率，將由二〇一三年的不到五%，到二〇一四年將成長至二五%，而到了二〇一五年將成長至四五%左右。

iPhone 5s的指紋辨識功能，是透過安置於Home鍵周圍的不鏽鋼環，感應識別指紋資料，並且以Home鍵上覆蓋雷射切割藍寶石水晶（sapphire crystal）充當鏡頭，不僅可提高指紋辨識感測的品質，也可保護觸控感測元件不被刮傷，最終能將手指影像傳至電容式觸控感應器，提供解析度達500 ppi的指紋比對效果。由於蘋果主畫面鍵採用藍寶石水晶材料的面積，是手機鏡頭保護蓋的四倍大小，可望大幅提升未來藍寶石基板的需求量，後續相關產能可望被消化，對於藍寶石基板的晶美（4990）、兆遠（4944）、鑫晶鑽（4946）、佳晶科（5242）、銳捷（5256），以及旗下擁有藍寶石晶棒廠台聚光電的越峰（8121）有利。

指紋辨識熱度增溫，目前蘋果旗下AuthenTec的指紋辨識感測器晶片，主要交由台積電（2330）生產，金凸塊由頎邦（6147）代工，系統封裝及測試則由日月光（2311）負責；至於非蘋陣營則以指紋辨識感測器供應商Validity Sensors為主。而智慧型手機觸控ＩＣ大廠Synaptic由於看好個人資訊安全將朝指紋辨識技術發展，更已規畫收購指紋辨識感測器廠Validity，未來將在其觸控技術產品置入指紋感測功能，可見相當看好此趨勢發展。目前Validity Sensors的感測器晶片也是由台積電代工，而金凸塊、系統封裝及測試等封測代工訂單，則由南茂集團的泰林（5466）與南茂（8150）合作拿下，現已開始量產出貨，後續隨著指紋辨識系統逐漸成為智慧型手機必備功能，業績可望持續向上。

隨著行動裝置重新帶起指紋辨識需求，其他領域的應用也可望增溫。ＩＣ設計的盛群

（6202）轉投資多年的指紋辨識廠金佶，其推出的指紋辨識晶片，目前已獲得智慧門鎖與槍櫃相關廠商採用，未來更將推出以應用光學元件鏡頭、微控制器為技術的第三代指紋辨識器，從門禁市場跨入手持裝置市場；微端（3285）近年積極開發筆電用指紋辨識模組，隨著該項產品陸續成為筆電標準配備之後，目前已規畫將指紋辨識模組推至手機市場，使其成為智慧型手機標準配備，進而帶動營收成長；敦南（5305）也跨入指紋辨識感測元件領域多年，後續營運也有機會受惠。另外，CIS影像感測器的亞泰（4974）及菱光（8249），隨著技術提升，CIS的應用面也愈來愈廣，指紋辨識也有機會成為新應用領域，後續營運也具有想像空間。

1分鐘選股指南

指紋辨識概念股

指紋辨識晶片代工	台積電（2330）
指紋辨識晶片封測	日月光（2311）、南茂（8150）、泰林（5466）
指紋辨識晶片	盛群（6202）
指紋辨識模組	微端（3285）
指紋辨識感測元件	敦南（5305）、亞泰（4974）、菱光（8249）

14 行動電源唱旺相關業者營收，該留意哪些投資關鍵？

近年來，智慧型手機及平板電腦興起，在硬體上，這些行動裝置不僅採用高亮度的彩色觸控螢幕，並且具有WiFi、藍芽、3G上網、衛星定位、拍照等功能，近期部分高階機種更搭載四核心ARM應用處理器及高解析度面板的高規格，導致手機耗電速度更快，特別是目前有不少機種無法更換電池，充電成了唯一提升行動裝置電力的方式。

至於軟體方面，由於使用者能在軟體市集中下載各項軟體，讓手機應用內容更為多元，尤其近期社群網站及手機通訊軟體火紅，讓民眾對於手機的黏著度增加，這也讓手機的待機時間大幅縮短，電池續航力鮮少能撐滿一天，不如過去功能型手機待機時間長達二至三天；加上可以替換電池的情況不再，取而代之的是消費者開始關注智慧型手機及平板電腦的待機時間。

為了延長電池續航力，以滿足低頭族人口對於手機電力的需求，有的手機業者由軟體著手，加強環境光感測功能、採用微型一體成型電感，藉此來減少電力耗損；有的業者配備了大容量的電池，延長手機的待機時間；有的業者則推出了能夠支援智慧型手機、平板電腦等可攜式裝置的「行動電源」，讓行動裝置的使用者能在外出時順利充電。其中由於行動電源產品特性符合民眾需求，獲得消費者認同，相關廠商紛紛看好未來前景，認為每支手機配上二至三個行動電源的市場規模並不誇張，光以中國來看，拓墣產業研究所就預估二〇一三年行動電源的市場規模上看九十二億元人民幣，而到了二〇一四年行動電源的市場規模更有機會來到一一一億元人民幣，相關商機值得期待。

微控制器（MCU）的盛群（6202）近年積極開發行動電源市場，受惠中國平板電腦與智慧型手機的使用者暴增，進而對行動電源需求提升，盛群出貨給中國客戶的行動電源MCU數量也持續成長，後續營運可望受惠；松翰（5471）布局行動電源MCU多時，採取單一MCU的方式出貨；遠翔科（3291）也跨入行動電源市場，同時出貨電源管理IC與MCU產品；F-昂寶（4947）布局行動裝置充電IC市場多年，近期受惠中國行動裝置需求強勁，接單逐季成長，加上轉投資新茂的行動電源MCU，出貨也同步增溫，目前接單已到二〇一四年。

類比IC的立錡（6286）及致新（8081）也積極投入行動裝置電源管理IC的開發，而行動電源ＩＣ也是布局重點，據悉，目前都已完成支援四至五安培的大電流DC-DC轉換器晶片研發，並與系統業者合作開發新一代行動電源產品，預計二〇一三年底前可望開始放量出貨，搶攻行動電源相關商機。

電源供應器的台達電（2308）推出了自有品牌Innergie的可攜式ＵＳＢ充電式電池組（簡稱PocketCell，內含萬用電源轉接器和可充電電池組），能支援所有具ＵＳＢ充電功能的行動裝置，且能搭配旗下的智慧三合一傳輸線，減少充電器的數量，獲得市場相當程度的好評；正崴集團旗下的勁永（6145）自有品牌ＰＱＩ也推出多款行動電源，其中更包含具備無線充電功能的行動電源；曜越（3540）看好手持式３Ｃ電子產品對於電源的需求，推出行動電源及充電器產品TriP系列，其中TriP Portable行動電源採用日系大廠鋰離子電池，支援ＵＳＢ隨插即用功能，並內建防短路安全保護裝置，未來營運也可望受惠。

近年往多元化發展的錸德（2349），不僅推出行動電源，更推出結合可撓式太陽能ＰＶ模組與行動電源的組合，內建美製電池芯，兩者之間靠ＵＳＢ埠傳輸電力，以行動電源作為電力儲存之用；全漢（3015）近年也推出行動電源新品牌Amacrox，搶進兩岸市場，目前市場評價不差，後續效應也值得追蹤；而在興櫃掛牌的天瑞（8065）也有ＸＰＡＬ移動電源系列產品上市，由於造型獨特，在市面上也有一定的支持度；安鈦克（6276）也以Antec為品牌，推出多款不同容量的行動電源，採用日本生產的高規格電池芯，來確保行動電源的穩定性及耐用性，後續發展也可留意；天宇（8171）近年也跨入行動電源領域，以Formosa為品牌推出相關產品；祥業（3465）也以enerpad為品牌，推出行動電源產品；另外，廣穎（4973）、立達（5262）、十銓（4967）等許多上市櫃公司，都有推出行動電源產品。

實務上，由於行動電源技術門檻不高，導致許多業者紛紛搶進此領域，造成終端產品跌價迅速，目前對於營收及獲利的實際貢獻有限；反倒是IC設計業者，由於在技術上台灣業者尚具相對優勢，因此受惠程度較大，是選股時的優先選擇，後市值得追蹤。

1分鐘 選股指南

行動電源概念股

行動電源相關IC設計	盛群（6202）、遠翔科（3291）、F-昂寶（4947）、松翰（5471）、立錡（6286）、致新（8081）
行動電源	台達電（2308）、安鈦克（6276）、勁永（6145）、曜越（3540）、錸德（2349）、全漢（3015）、天瑞（8065）、天宇（8171）、祥業（3465）、廣穎（4973）、立達（5262）、十銓（4967）

15 穿戴裝置成為科技大廠新戰場，誰能引領當紅市場？

隨著智慧型手機及平板電腦愈來愈普及，科技大廠積極投入新一波產品的研發，而目前最受市場矚目的即是「穿戴裝置」，即可以穿戴在身上的行動裝置，現階段多以眼鏡或手錶的型態出現，另外還有手環、貼片、指套、衣服等概念性商品；由於可應用層面相當廣泛，不論運動、醫療、日常生活上都能用到，所以被市場視為是繼智慧型手機後，下一個明星產業，包括Google、蘋果、三星、索尼等大廠都爭相投入相關領域的研發，也陸續推出新品，像三星就推出了Galaxy Gear，Google則推出了Google Glass，索尼則推出了SmartWatch等。

許多電子大廠也紛紛投入穿戴式裝置的相關晶片、元件及零組件的研發，像英特爾就針對穿戴式裝置，推出量身訂作的Quark處理器，其大小僅有Atom處理器的五分之一，而耗電量更只有Atom的十分之一，準備搶攻穿戴裝置市場。

根據多家研調機構的調查，目前穿戴式裝置市場僅以無線耳機為主，隨著智慧型手機螢幕尺寸愈來愈大，將帶動可進行通話等功能的穿戴式裝置需求持續成長，在各家大廠相關產品陸續問世下，預估二〇一七至二〇一八年，穿戴式裝置全球出貨量將達五千至七千萬台，將較二〇一三年預估的一千五百萬台，成長二至三倍以上，其中運動型的穿戴式裝置將占一半以上的比重。

以市場研調機構Research and Markets報告來看，二〇一二年全球穿戴裝置市場規模為二十七億美元，到二〇一八年，穿戴裝置市場規模預估可達八十三億美元；而以市場研調公司Juniper Research的最新數據來觀察，穿戴裝置可望在未來數年迎來大爆發，全球於穿戴裝置上的花費將在二〇一三年達到十四億美元，到二〇一八年，這一數字更將上看一九〇億美元；若以資策會（ＭＩＣ）預估來看，穿戴裝置的市場規模將從二〇一四年的三十一億美元擴增十一倍，達到二〇一八年的三四一億美元。各大研調機構所預估數據皆顯示，穿戴裝置的市場可望持續成長，只是在成長的速度上，各家看法有所不同。

目前的穿戴裝置依據穿戴部位的不同，約可分為頭戴式、腕戴式、指戴式、穿著式、別入式、貼入式、嵌入人體式等，而由於穿戴式裝置是穿戴在人體上，所以使用時的舒適感也不能忽視，這時往輕薄化發展就成了關鍵，因此也整合了相當多的技術，包括無線通訊、積體電路、微感測器、輸出入介面、顯示技術、電源供應及智慧織品材料等，所涉及的產業鏈相當廣泛。即使目前穿戴式裝置多屬於輔助配件，尚不能完全取代智慧型手機，必須與智慧型手機一同使用，但是看好穿戴式裝置的未來前景，台灣眾多電子代工廠及零組件廠，已陸續切入相關領域的發展。

英業達（2356）與歐洲GPS大廠TomTom合作已久，替TomTom代工的穿戴式裝置已小量出貨；神達控（3706）布局穿戴式裝置多時，二〇一三年包括自有品牌及代工產品都量產上市，包括旗下自有品牌Magellan推出Echo Smart跑步智慧錶，拿下新穿戴式裝置代工客戶，業績展望轉佳；正崴（2392）也拿下日系客戶手腕式穿戴裝置產品代工訂單，市場知名的Pebble智慧錶就是由其代工；金寶（2312）、宏碁（2353）、廣達（2382）、鴻海（2317）都宣布將推出穿戴式裝置電子產品，或拿下國際大廠穿戴式裝置代工訂單，後續可望受惠；另外，宏達電（2498）也有意由智慧型手機跨入穿戴式裝置領域，而華碩（2357）則是往獨立式（Standalone）的穿戴裝置發展，目標是使用時不再需要與智慧型手機結合。

Google為掌握Google Glass技術，決定入股矽基液晶（LCoS）晶片廠立景光電，引起市場對LCoS技術的重視；旺玖（6233）轉投資美國LCoS晶片廠晶典（Syndiant），並擔任晶典董事，也躋身穿戴式裝置概念股；聯發科（2454）的GPS晶片已打入GPS大廠

Garmin所生產的運動穿戴式裝置供應鏈，也成功獲得Fitbit、Polar等其他新款運動穿戴式裝置訂單，而其通路商大聯大（3702）也值得留意；無線晶片大廠博通（Broadcom）也跨入穿戴式裝置領域，其通路商全科（3209）可列入追蹤；笙科（5272）的短距無線晶片、創傑（5261）的藍芽晶片、瑞昱（2379）的顯示介面控制晶片，也應用在各項穿戴裝置上。

毅嘉（2402）投入研發穿戴裝置多年，鎖定以利基型的運動用、醫療用的智慧錶為主，新生產線已投入試產；美律（2439）布局微機電（MEMS）技術多時，開發出適用於穿戴裝置的電聲產品，目前已小量出貨；元太（8069）所生產的低耗電電子紙螢幕E Ink打入穿戴裝置供應鏈；錸德（2349）旗下錸寶所生產的OLED面板，未來也可望被穿戴式裝置採用；新日興（3376）所開發的粉末冶金（MIM）零件已獲高通穿戴式裝置採用，二〇一四年起隨著客戶需求增溫，目前已規畫擴產中；另外，智慧網路連結模組的啟碁（6285），未來產品應用也可望增加，營運也可留意。

1分鐘選股指南

穿戴式裝置概念股

穿戴式裝置相關晶片及通路商	旺玖（6233）、聯發科（2454）、大聯大（3702）、創傑（5261）、全科（3209）、笙科（5272）、瑞昱（2379）
穿戴式裝置產品及代工	英業達（2356）、神達控（3706）、正崴（2392）、金寶（2312）、毅嘉（2402）、宏碁（2353）、廣達（2382）、宏達電（2498）、華碩（2357）、鴻海（2317）
穿戴式裝置零組件	美律（2439）、元太（8069）、錸德（2349）、啟碁（6285）、新日興（3376）

16 智慧城市興起，智慧安控概念增溫，如何從這波需求獲益？

在《看懂新聞學會避開風險，精準命中投資標的》一書中，我們曾提及當恐怖攻擊事件發生時，安全監控族群的後市看漲，尤其是跨入網路攝影機（IP Cam）的企業最值得留意。近幾年，隨著智慧安全城市的概念在全球逐漸普及，從歐美到亞洲，各國政府為提升街道、機場、港口與高速公路等公共設施的監控安全管理效率，持續建置IP監控系統，以具高解析度畫質與智慧分析功能的IP Cam，取代傳統類比攝影機。

因此，過去類比監視器網路布線過於複雜，且難以處理高畫質影像分析的情況不再；取而代之的是新的IP Cam，可在短時間內將影像傳輸至伺服器或監控中心，迅速完成車牌辨識與人臉辨識等處理應用，並提升監視影像的畫質，這帶動了IP Cam市場迅速成長，也吸引了許多業者相繼投入，搶攻相關商機。

智慧安全城市興起，全球積極推動安全防護政策，正是智慧安控產業迅速崛起的主因。

像在中國，隨著經濟起飛，不僅是沿海一線城市的商辦大樓建案對監控需求持續擴大，較內陸的二線城市也有許多採用ＩＰ監控系統的建案持續進行。

以重慶市為例，就已建置超過六十萬台網路監視器，覆蓋該城市街道與公家機關單位，以提升反恐與災防應變等能力；而北京、廣州、南京、西安、武漢等各級城市，目前也都加緊布建智慧監控系統中；至於美國許多大型零售賣場也開始採用ＩＰ監控系統，透過臉部生物辨識系統與智慧全景攝影機，自動追蹤物體和人，防止竊盜案的發生。巴西也為了籌備二○一六年奧運，將陸續釋出許多室內、室外的大型監控標案，積極布建網路監控系統。

根據研調機構IMS Research最新統計報告預估，在各國安防標案朝ＩＰ監控系統發展下，網路攝影機的出貨量可望於二○一六年正式超越傳統的類比攝影機；受惠於高解析度（ＨＤ）技術逐漸成熟，市調單位拓墣預估，IP Cam二○一三年的產值可望拉高到六．九六億美元，到了二○一四年，年產值更將來到八．九二億美元；而外資里昂證券也預期IP Cam在安控市場中替代傳統閉路電視（ＣＣＴＶ）的效應將持續，二○一二至二○一五年間，全球IP Cam出貨量將呈現每年約二四％的成長，並且到了二○一五年，IP Cam的出貨比重將在全球安控市場達到五○％，成為市場的主流產品。

目前政府標案占了整體監控產業近八成以上的產值，各國政府已紛紛加緊腳步部署智慧監控系統，一邊大量架設監視器設備與後端智慧分析平台，一邊加速攝影機數位化的速度，藉以降低監視人員成本，並提升影像分析功能，進而帶動了高解析度鏡頭、高效能晶片、高儲存量硬碟與高速雲端伺服器等相關次產業的需求增溫，整體智慧安控產業持續加溫。

IP Cam的晶睿（3454）為國內產業龍頭，營收比重九成以上來自於IP Cam，營運採取自有品牌VIVOTEK與代工雙軌制，近年積極推出新產品，除了搶進雲端市場，與保全、電信業者合作推出雲端監控產品之外，也將產品延伸至家庭用戶，未來發展前景好；IP Cam的奇偶（3356）擁有軟體設計及通路布建的優勢，積極推出含影音伺服器（Video Server）、網路影音同步錄影（Network Video Recorders，NVR）軟體在內的多款IP Cam新產品，目前IP Cam占營收比重近七〇%，並且持續增加中，後續營運值得追蹤；IP Cam代工的彩富（5489），受惠於IP Cam於安控市場滲透率持續提升，代工量持續成長，業績也有機會加溫；杭特（3297）近年也由傳統攝影機轉型到IP Cam市場，陸續發表多項新產品；至於陞泰（8072）由於切入IP Cam時程較晚，目前正加緊腳步追趕中，現階段相關產品占營收約二〇%。

天鉞電（5251）運用無線傳輸技術，推出搭配網路功能的監視攝影機，鎖定終端消費者及家居市場，有別於傳統安控業者以商業用戶或大型標案為主，專攻B2C業務，產品訴求為使用者可自行安裝，並且可搭配智慧型手機的APP軟體使用，又稱為APP Cam，二〇一二年已順利打入歐美大型量販連鎖通路，發展性看好；而IC設計的智原（3035）也搶進安全監控領域，旗下轉投資的多媒體IC設計廠昇邁推出針對IP Cam的晶片，目前已切入台韓安控系統大廠，也積極進軍中國市場。

智慧城市興起，安控市場也日新月異，精聯（3652）近年開始積極拓展智能安控市場，以TASHI品牌積極拓展安控應用領域，未來發展潛力值得期待；而由田（3455）也積極開發安控應用，以人臉辨識系統為主軸，後續隨著智能安控應用增溫，業績也具成長性，都是智慧安控下的受惠股，中長期發展看俏。

1分鐘選股指南

智慧安控概念股

IP Cam	晶睿（3454）、奇偶（3356）、彩富（5489）、昇銳（3128）、杭特（3297）、陞泰（8072）、天鉞電（5251）
IP Cam晶片	智原（3035）轉投資昇邁
智能安控／相關辨識系統	精聯（3652）、由田（3455）

17 未來十年車用電子將高度發展，哪些科技大廠可望受惠？

全球汽車產業發展至今，由過去強調行車性能，卻伴隨著高耗油、高汙染，轉而朝向節能環保等方向發展，而人們對於汽車的需求，也愈來愈多元化及客製化。如何提供駕駛及乘客更安全、更舒適、更便利、更省能的汽車，以提升車輛的銷售，成為近幾年各大車廠努力的方向，而為了製造差異化，車廠積極採用汽車電子產品增加競爭優勢，也帶動汽車電子產業的蓬勃發展。

目前汽車電子可分為兩類，一類是「汽車電子控制裝置」，該裝置能與車上的機器系統進行整合應用，屬於機電結合的汽車電子控制裝置；另一類是「車載汽車電子裝置」，是在汽車環境能夠獨立使用的電子裝置，與汽車本身性能、安全或控制無直接關係。

根據估計，在Audi、Mercedes-Benz等各大國際車廠積極投入，以及歐美各國陸續將汽車電子控制裝置列爲標準配備下，全球汽車電子產業的產值在二〇一三年將達到約一九七五億美元，到二〇一五年約爲二三八七億美元，到了二〇一九年更將達到三〇一一億美元，未來發展相當值得期待，也讓許多廠商爭相投入汽車電子產業的發展。

車用端子的胡連（6279）近年來營收近半來自中國市場，在中國自有及合資品牌的占有率逐年提升下，後續營運看俏；切入車用市場多時的信邦（3023），目前車用客戶包括Toyota、Honda等，出貨產品包括倒車影像雷達連接線、引擎氣傳感器等，業績也可望加溫；健和興（3003）也跨足汽車電子領域，生產機車／汽車端子、電動車的電源終端啟動器、車用LED燈控制器的連接器等，來自車用領域的營收比重持續提升；宏致（3605）透過倒車雷達大廠同致（3552）打入通用供應鏈；艾恩特（3646）則供應歐洲雙B車、美商福特汽車的影音及語音傳輸線。

F-貿聯（3665）為Tesla電動車連接線束供應商，且今年開始跨入動力傳輸線，發展前景看好；正崴（2392）也打入電動車Tesla供應鏈，除了供應軟板、線束、連接元件外，將共同開發電控模組；屬於正崴集團的維熹（3501）成功開發出電動車的電源線，並已開始小量出貨；鉅祥（2476）也投入汽車應用，生產開關、繼電器等產品，已透過日本汽車零組件廠，交貨給品牌車廠；詮欣（6205）生產車用影音周邊產品，也開始交貨給歐洲高階車款。

這些跨入汽車領域的連接器及沖壓件廠，營運都值得留意。

車王電（1533）跨入胎壓偵測器及車用影像系統，後續業績可望增溫；同致（3552）主力產品為倒車雷達，近年也投入免鑰匙進入系統（I-Key）、無線胎壓偵測系統（TPMS）、多功能抬頭顯示器等產品開發，搶占汽車電子商機；怡利電（2497）生產車用影音多媒體產品，近期看好胎壓偵測系統商機前景，也投入相關領域研發。

朋程（8255）為全球車用發電機二極體大廠，隨著汽車發電機為了符合節能趨勢，使其運轉更有效率，所使用的二極體顆數由原先的六顆，轉換至十至十二顆，因此後續營運看好；台半（5425）也切入車用二極體領域，主要出貨給德國的車燈燈具大廠HELLA，供應給Toyota等車廠，未來也具想像空間。

先益（3531）跨足汽車中控儀表板及後視鏡倒車影像；盛群（6202）投入車用電子多年，主攻儀表板、遙控鎖、電動窗、車用影音設備等MCU；世紀（5314）跨入車身控制、閘道控制、儀表板、數位測距等MCU；新唐（4919）投入車身網路控制系統、汽車電子診斷系統等MCU；偉詮電（2436）切入開發環車影像及倒車雷達晶片；敬鵬（2355）及精成科（6191）紛紛跨足汽車板領域；為升（2231）為汽車電裝品廠商，產品包括開關類型產品、電磁類產品以及胎壓偵測產品，營運前景看俏；普誠（6129）生產汽車儀表板上的驅動IC；華晶科（3059）開發出鷹眼影像輔助系統、行車紀錄器、智慧行車雷達、車道偏移警示系統等；立隆電（2472）供應車電模組所需SMD型晶片電容和鋁質電容產品；保護元件的興勤（2428）也打入汽車電子領域，未來車用電子對營收的貢獻都值得追蹤。

1分鐘選股指南

車用電子概念股

車用連接線器／端子	胡連（6279）、信邦（3023）、健和興（3003）、宏致（3605）、艾恩特（3646）、F–貿聯（3665）、正崴（2392）、維熹（3501）、鉅祥（2476）、詮欣（6205）
車用電子系統及零組件	車王電（1533）、同致（3552）、怡利電（2497）、朋程（8255）、台半（5425）、先益（3531）、盛群（6202）、世紀（5314）、偉詮電（2436）、精成科（6191）、新唐（4919）、敬鵬（2355）、為升（2231）、普誠（6129）、華晶科（3059）、立隆電（2472）、興勤（2428）

18 越南加入TPP在即，哪些越南設廠的業者值得期待？

東南亞國家經濟起飛，自二〇〇八年後，每年GDP均維持五%以上成長率的越南，現有約九千萬人口，挾著勞工成本僅中國一半的優勢，成為海外台商第二大聚集地，也吸引全球外資前往設廠，而隨著越南即將加入「跨太平洋戰略經濟夥伴關係協定」（TPP），國際能見度可望隨之大增。

所謂TPP，乃是全球最大的自由貿易協定，由亞太經合會成員國發起，在日本及美國相繼加入之後，目前有十二個成員國，占全球GDP比重三八%；TPP協定目的主要為消除商品和服務貿易關稅及非關稅壁壘，讓投資貿易流動更加便利，而參加條件就是成員國區域內，有九五%的貨品必須降至零關稅，範圍涵蓋工業、農業、紡織成衣等約一萬一千項稅目。

目前在越南加入TPP的架構中，對於紡織品採取「從紗開始原則」（yarn-forward）

的機率最大，也就是從紡紗、織布到最終成衣的縫製與組合，皆在越南當地完成而出口的紡織品，才能享有輸入至美國免稅的條件。**因此，在越南當地布局已久，彼此之間已具一定程度的策略聯盟關係的紡織上中下游，未來發展前景將值得鎖定。**

成衣的儒鴻（1476）持續加碼越南，除了現有的成衣廠及織染廠外，越南第二座織布廠於二〇一三年第四季量產，而二〇一四年第二季兩座成衣廠可望投產，屆時越南成衣廠占儒鴻成衣產能將達六〇％以上，發展前景看好；而與儒鴻在越南合作多時的東隆興（4401）為亞太地區Nylon 66假撚紗與高級織布用紗大廠，進口Nylon 66為原料，再製成胚紗與色紗，後續隨著儒鴻新廠投產，對於上游原料需求增溫下，業績可望持續向上。

成衣的聚陽（1477）已布局東協多時，目前在印尼、柬埔寨和南北越均設有大型成衣生產基地，日前宣布入股南紡（1440）位於越南的織布廠「南方紡織」，預計最快於二〇一五年及二〇一七年，分別完成織布廠（南方紡織）、成衣廠（聚陽越南廠）擴廠計畫，後續營運也值得關注。目前南紡在越南已有五個廠區，提供織染整一貫業務，目前已積極擴產以因應下游廠的需求，預計二〇一四年將有新產能投產，後續也值得關注。

台塑集團的福懋（1434）為少數在越南兼具合成紗線與織布產能的廠商，由於越南當地高端合成紗線與織布的供應仍然短缺，後續業績可望加溫；牛仔成衣加工的年興（1451）

在越南也設有成衣廠，未來在輸美零關稅下，營運也會受惠；遠東新（1402）在越南投資成衣製造廠，主要替歐美各大運動品牌代工；台化（1326）在越南也早已設有紡織生產基地，從事紡織產品產銷；南緯（1467）於越南已有一座成衣廠，目前已再購置一座成衣廠，預計二〇一四年第一季量產，未來規畫與台資的越南廠策略合作，搶攻美國市場；大東（1441）看好TPP商機，也前往越南設廠，目前越南紡紗廠預計二〇一四年五月完工，同年七到八月可望量產；生產咖啡紗的興采（4433）看好一貫化作業有助於提升毛利，也租下越南成衣廠，租約十年搶攻越南市場；強盛（1463）越南廠今年積極擴建針織機及染整等產能，與布廠、成衣廠進行策略聯盟；光隆（8916）在越南也設有生產基地，從事各類成衣製造、水洗、染色等業務，這些隨著越南加入TPP，後續營運都具想像空間。

除了紡織品外，許多在越南生產的商品，在TPP開放協議下，後續都有機會以零關稅方式進軍美國市場，並且在越南經濟起飛下，後續營運也看好。

家用縫紉機廠伸興（1558）近年逐步將中低階機種移往越南生產，目前兩座廠房為鋁壓鑄廠及組裝廠，為了因應訂單需求，已積極投入越南擴廠計畫，目前越南新廠預計二〇一四年第二季興建完成，開始投產；新麗（9944）在越南設有廠房，從事不織布的製造加工；凱撒（1817）早年即投入越南布局，目前生產基地設於越南，台灣則為研發中心，二〇一二年第四季越南磁器二廠產能開出，年產能持續擴大，後續在越南經濟走揚下，營運可望加溫；三陽（2206）旗下的越南控（9110）為三陽在越南機車市場的重要布局；而大亞（1609）在越南投資生產電線電纜，在越南經濟成長下，業績都值得期待。

此外，製鞋產業可望成為繼紡織業後，下一個美國與越南針對市場開放進行實質諮商的產業。百和（9938）於越南設廠多時，從事黏扣帶及各式織帶之生產製造及加工處理，越南的營業額占總公司約兩成；而F-鈺齊（9802）、寶成（9904）、豐泰（9910）皆在越南設廠，從事各式鞋類產品製造代工，未來一旦美越雙方就鞋品製造的市場進入，有進一步共識時，營運也可望受惠，中長期發展值得追蹤。

1分鐘選股指南

越南加入TPP受惠股

紡織業	儒鴻（1476）、東隆興（4401）、遠東新（1402）、聚陽（1477）、南紡（1440）、強盛（1463）、福懋（1434）、年興（1451）、台化（1326）、南緯（1467）、大東（1441）、興采（4433）、光隆（8916）
製鞋業	百和（9938）、F-鈺齊（9802）、寶成（9904）、豐泰（9910）
於越南設廠	伸興（1558）、新麗（9944）、凱撒（1817）、三陽（2206）、越南控（9110）、大亞（1609）

19 潔淨能源發燒，燃料電池技術大突破，如何選股？

能源一直是人類文明發展的動力，近年來，隨著全球對於環保議題的重視，潔淨能源議題浮上檯面，如何減少空氣汙染並且降低對石油的依賴，成了各國政府及各大企業積極努力的方向，而具有低排放、高效率的燃料電池技術，就能了重要選項之一。

燃料電池最早用於美國登陸月球的太空梭之主要電力、水熱來源供應，但由於燃料電池的成本昂貴，一直沒有商品化成功；而近幾年，燃料電池在技術上起了革命性突破，拉近商品化時程，才吸引世界各國政府、民間企業投入大量人力及資金在研發燃料電池上。

燃料電池（Fuel Cell）是一種能源的直接轉換裝置，能將含能的燃料（如氫氣、天然氣、甲醇、汽油等）及氧化劑（空氣、氧氣），直接經電化學反應而生成有用的電力，將化學能直接轉變為電能；若以氫氣作為燃料，則其排放物為水及熱（低溫熱），不僅可以再利用，相較於石化燃料的排放物多為高汙染的二氧化碳（CO_2）、氮氧化物（NO_x）以及酸等對環境不利的汙染物，來得環保許多。

燃料電池依照用途可分為：微型（Micro）燃料電池，可供行動電話、微機電使用；可攜式（Portable）燃料電池，可供攝影機、筆電使用；固定式（Stationary）燃料電池，可供大樓、工廠或固定區域使用；運輸用（Transportation）燃料電池，可供機車、船舶或汽車等運輸工具使用等。

而依照電解質不同，又可分為鹼性燃料電池（AFC）、質子交換膜燃料電池（PEMFC）、磷酸型燃料電池（PAFC）、溶融碳酸鹽燃料電池（MCFC）、固態氧化物燃料電池（SOFC）等。若以溫度分類，前三者屬於低溫型，MCFC屬於中溫型，而SOFC則是高溫型。根據預估，SOFC由於具有不需貴金屬當觸媒、應用燃料範圍廣泛、反應時僅排出水蒸氣等優點，被市場認為將是燃料電池趨勢下，成長最快速的產品。

根據市調機構預估，二〇一三年燃料電池技術市場產值約六．二九億美元，預計二〇一八年將增加到二五．四三億美元，年複合成長率達三二．二%，後續全面商用化之後，發展進度可望加快，產值將持續成長；而日本市調機構也指出，燃料電池車將於二〇一五年問世，預估屆時全球燃料電池系統市場將增至三三八八億日圓，預估二〇二五年將進一步擴增至五兆一八四三億日圓，市場規模呈現一路向上。台灣業者雖然在全球發展進度上略為落後，但是隨著世界各國愈來愈重視潔淨能源，未來來自燃料電池業務的貢獻都值得關注。

台達電（2308）布局燃料電池多時，不僅與中科院合作研發PEMFC燃料電池，也與工研院團隊一起開發直接甲醇式燃料電池，切入相關領域；中興電（1513）近年與美國、加拿大技術合作生產燃料電池，以2.5 KW至5 KW氫燃料電池為主力，提供客製化產品服務，已成功研發甲醇重組器，先前已接受中國移動測試，做基地台備援電力系統（BPS），後續一旦相關產品獲得採用，未來營運具想像空間；而台塑集團的南電（8046）與奇鋐（3017）也組成NASA甲醇式燃料電池（DMFC）團隊，投入相關領域研發。

榮化（1704）所生產的甲醇，可望作為燃料電池裡的燃料，具有相關概念；同欣電（6271）也跨入燃料電池領域，將陶瓷基板厚膜應用於燃料電池上，目前已可應用在可攜式電子裝置用充電器，後續將依客戶需求導入量產，營運值得期待；加百裕（3323）與成大合作研發燃料電池，並朝大動力電池發展，與日本合作開發應用於家電的燃料電池，將成為其未來營運成長動能；新普（6121）先前也規畫投入燃料電池發展；大同集團的大世科（8099）投入研發甲醇燃料電池，能應用在各種3C電子產品、偏遠地區電力、緊急電源、備用電力、不斷電系統等領域，後續營運也值得追蹤。

康舒（6282）布局燃料電池領域有成，先前打入美國燃料電池大廠Bloom Energy供應鏈，二〇一三年上半年燃料電池供應器占營收比重持續攀升，未來隨著該客戶由美國本土開始擴大至亞洲市場布局，與日本第三大電信業者軟體銀行（Softbank）今年在日本設立一家合資公司Bloom Energy Japan（BEJ），搶攻燃料電池商機，後續康舒來自日本的訂單可望增加，整體效益可望於二〇一四年開始顯現；高力（8996）與美國燃料電池大廠Bloom Energy策略聯盟，提供Bloom Energy所生產的SOFC燃料電池中的熱反應爐，切入燃料電池市場。後續隨著Bloom Energy的燃料電池產品Bloom Box，陸續出貨給沃爾瑪、可口可樂、eBay、史泰博、Google、AT&T等等大企業，康舒及高力的後續營運都可望加溫，未來前景值得鎖定。

1分鐘選股指南

燃料電池概念股

打入美國Bloom Energy供應鏈	康舒（6282）、高力（8996）
跨足燃料電池及相關材料領域	台達電（2308）、中興電（1513）、南電（8046）、奇鋐（3017）、榮化（1704）、同欣電（6271）、加百裕（3323）、新普（6121）、大世科（8099）

20 各國車廠積極投入自動駕駛汽車，哪些業者具相關概念？

過去在許多科幻電影中時常出現無人駕駛車畫面，汽車本身能自動駕駛，不需要再有司機，如今這種場景已經不再遙不可及。早在一九八〇年代，許多車廠及研究機構就已投入自動駕駛的研究，但是當時僅止於實驗階段，技術尚未成熟；後來隨著技術演進，先進駕駛輔助系統（ADAS）終於問世。

先進駕駛輔助系統由於涵蓋盲點偵測、支持型停車輔助、後方碰撞警示、偏離車道警示、緩解撞擊煞車、適路性車燈、夜視、主動車距控制巡航、碰撞預防、停車輔助等，能提供駕駛人更為簡易的操控介面，因此目前廣泛應用在車輛上，也成為現今汽車的主流。

近年來，隨著全球網路搜尋龍頭Google積極投入研發無人駕駛汽車，以及各大汽車品牌如Volvo、Ben-Z、BMW以及Volkswagen等也挹注資金，研發無人駕駛汽車，下一個世代汽車的雛形逐漸呈現，無人駕駛汽車開始受到討論，更有研究機構樂觀預期，無人駕駛將引爆二十一世紀的汽車革新，未來潛力不容小覷。

據悉，過去Google就一直在研發軟體，協助汽車製造商建造自動駕駛車，近期更計畫推出「自動駕駛計程車」（robo-taxis）車隊的服務，讓這些車輛可在電腦操控下行駛於一般道路上，有效減少民眾購買汽車的需求，同時降低道路意外事故發生的機率；目前Google已得到美國政府頒發的無人駕駛車牌，能正式在一般道路上行駛，現在已在進行一項全球最大型的測試計畫，總測試上路里程數已經超過五十萬公里；先前在日本三一一地震時，Google也曾派出搭載攝影器材的無人車來協助救災。

日本車商Nissan日前也拿到日本政府的許可牌照，能夠正式在日本國內運行並測試無人駕駛汽車，成為繼Google後第二家取得無人汽車測試執照的企業。目前Nissan的無人汽車已經做到自動車道定位、自動導航系統等等高端功能，現正針對自動變更車道、超車等功能進行測試中；而德國車商戴姆勒集團也積極發展高度自動駕駛技術，包括在公路上巡航，交通壅塞時根據交通狀況自動加速、煞車或避讓行人等；日前甚至連電動車大廠Tesla也宣布投入自動駕駛的開發，市況持續加溫。

無人駕駛與傳統駕駛相比，能夠有效節省民眾花費在駕駛的時間與精力，具有主動避開交通事故的功能，可降低交通事故發生的比例；再來與路控系統配合後，能減少交通堵塞，進而節約能源。據業界人士指出，現在只要法律問題及心理問題能逐步克服，無人駕駛車的產業就可望迅速發展。美國投資銀行亦指出，雖然現在無人駕駛汽車並不普及，但在各大車廠及Google等積極投入下，到二〇二〇年，無人駕駛汽車可能成為道路上的常態，未來無人駕駛汽車每年更將帶來二四〇〇億美元的產值。

無人駕駛汽車主要以智慧感測及智慧控制系統來達成目的，透過攝影機、雷達、雷射測距儀等設備，來追蹤車外的路況，定位該汽車所處的位置，以及測量與前後車之間的距離，進而控制汽車的行車路線，達到無人駕駛的效果。**未來像GPS、感應雷達、夜視監控、車用娛樂、車用鏡頭模組等這類與智慧感測及智慧控制有關的業者，中長期業績都可望受惠，值得列入追蹤。**

裕隆集團的華晶科（3059）切入車用鏡頭模組領域，目前已成功打入納智捷等品牌供應鏈，後續在無人駕駛車應用增溫，帶動產品需求下，業績具想像空間；啟碁（6285）跨入車用市場，近期開發出倒車雷達、無線偵測系統、盲點偵測雷達等，後續也可望被應用在無人駕駛車上；菱光（8249）所生產的液體鏡頭，其動作原理類似人類眼睛處理遠近影像之方式，能應用在汽車倒車及行車影像監控等上，後續也會受惠；同致（3552）生產倒車雷達、車用攝像頭CCD/CMOS等車用電子零組件，後續業績也可望提升，營運值得鎖定；而宏致

（3605）跨入倒車雷達的連接器，先前已與同致合作，打入通用汽車供應鏈，後市也可追蹤。

車用衛星導航系統也是無人駕駛車中重要的一環，佳邦（6284）、鼎天（3306）、神達控（3706）等大廠，過去與國際大廠關係密切，未來相關產品可望被採用；永彰（4523）切入車道偏離、夜視輔助系統；車王電（1533）切入倒車攝影、CCD攝影鏡頭領域；怡利電（2497）以生產車載影音導航主機、後座娛樂系統為主，後續在無人駕駛汽車產業中，都可望占有一席之地，未來的營運成長性，值得持續追蹤。

1分鐘選股指南

自動駕駛汽車概念股

車用鏡頭模組／鏡頭／倒車雷達	華晶科（3059）、啟碁（6285）、菱光（8249）、同致（3552）、宏致（3605）、車王電（1533）
車道偏離、夜視輔助系統	永彰（4523）
車用衛星導航系統	佳邦（6284）、鼎天（3306）、神達控（3706）
車載影音系統	怡利電（2497）

21 運動休閒產業超吸金，帶動哪些台股行情看漲？

近年來，全球運動風氣盛行，運動休閒產業蓬勃發展，在《看懂新聞學會避開風險，精準命中投資標的》一書中，曾提及健身運動商機值得投資人去發掘；如今，隨著人們愈來愈注重身體健康，以及運動健身相關需求提升之下，相關企業也愈來愈受到矚目。以國際知名運動品牌耐吉（Nike）為例，不僅在傳統運動鞋領域表現亮眼，並且積極打入新潮機能休閒服飾及配件市場，業績市占率不斷走高，日前更被納入美國道瓊指數成分股，象徵一個新興產業的崛起。

運動休閒產業包含運動用品、機能性運動服、球鞋及配件、穿戴式裝置等。運動用品產業過去一向以歐美市場為主，不過近年來亞洲市場也逐漸崛起。根據英商Key Note產業報告的統計數據顯示，二〇一二年全球運動用品產業產值爲一一九億美元，預估到了二〇一五年可望成長到一四五億美元；未來在各大運動品牌業者積極投入行銷下，產值可望更大。對於台灣廠商來說，隨著運動產業範疇擴大，相關業者的營運都將隨之受惠，後市不容小覷。

與運動休閒最直接相關的，就是運動服、運動鞋及配件產業；近年來，不少相關業者由傳統材料及工法，轉為積極投入研發，提高技術門檻，強調輕量化、透氣、排汗、一體成型等新科技，以創造產品的附加價值。儒鴻（1476）以生產機能性布料及成衣為主，運動成衣代工占營收比重五成以上，手上客戶涵蓋Lululemon、Nike、Adidas等國際運動用品大廠；而身為儒鴻合作夥伴的東隆興（4401）也與Adidas、Nike、Lululemon等國際大廠都有Design-in的合作開發關係，未來隨著運動熱潮持續，業績都可望成長。

成衣的聚陽（1477）已取得全球第三大運動零售商迪卡儂（Oxylane）客戶，也積極打入國際級運動品牌，以擴展運動客戶占營收比重；銘旺實（4432）受惠於旗下客戶——英國最大運動服飾通路商Sports Direct，近幾年持續擴充據點及加入功能性運動服飾，下單量隨之成長，加上積極爭取亞洲、澳洲等地的運動服飾通路商有成，營運可望穩健向上；宏遠（1460）近年開發出一百八十多款機能布料，陸續接下Polo Ralph Lauren、A&F的運動衣訂單，也具運動概念。聚紡（4429）專為全球前五十大國際運動品牌塗布貼合代工，包括Nike、Jack Wolfskin、PUMA等都是其客戶，先前購下泰國成衣廠，往下游發展，搶攻戶外運動休閒商機；南緯（1467）也發表極限運動面料，已獲得Nike、VF集團採用。

利勤（4426）生產技術層次較高的3D立體織物，產品特性為高透氣性、質輕，能運用在運動鞋及運動服飾上，知名運動品牌Nike、Adidas等為其合作多時的主要客戶，未來營運看俏；運動鞋人工皮革製造商三芳（1307）為Nike、Adidas、PUMA等國際品牌大廠的全球策略材料供應商；百和（9938）生產黏扣帶出貨給Nike、Adidas等大廠，近年研發出機能性運動面料，能作為運動鞋的材料，後續營運具想像空間；複合材料的邦泰（8935）為Nike生產高功能鞋材配件；另外，替Nike等大廠代工運動鞋及戶外鞋的寶成（9904）、豐泰（9910）及F-鈺齊（9802）等，在全球運動風潮持續下，業績都可望加溫。

運動用品方面，生產各式健身器材及按摩椅的喬山（1736），以「Johnson」為自有品牌，搶攻全球運動商機；生產運動器材中磁控裝置、電子控制器及儀表等零組件的祺驊（1593），目前美國前十大健身器材廠商都是其客戶，隨著運動產業加溫，業績不看淡。

自行車產業也是運動休閒中不可或缺的一環，自行車雙雄巨大（9921）及美利達（9914），分別以「捷安特」（Giant）品牌及「MERIDA」品牌搶攻全球市場，近年在中國都繳出不錯成績；自行車需求增溫也帶動生產自行車鏈條的桂盟（5306），及生產自行車車胎的建大（2106）等相關零組件廠業績向上。

由於許多運動用品都應用碳纖維材料，因此該產業也屬於運動用品的一環，碳纖維材料的拓凱（4536）生產網球球拍、自行車車架等運動用品，營運穩健成長，後續值得鎖定；明安（8938）及大田（8924）近年由高爾夫球桿頭跨入碳纖維自行車架及運動休閒用品領域，積極搶攻運動商機，後續業績也可鎖定。

另外，近年來運動用的穿戴裝置也成為運動產業的新寵兒，尤其路跑專用智慧錶銷售人氣更是升溫，相關供應鏈在本章第十五篇已做過介紹，後續在運動與科技結合的新風潮下，受惠廠商業績都有機會加溫，未來發展也值得列入追蹤。

1分鐘選股指南

運動休閒產業概念股

運動服飾	儒鴻（1476）、東隆興（4401）、聚陽（1477）、銘旺實（4432）、宏遠（1460）、聚紡（4429）、南緯（1467）
運動鞋	利勤（4426）、三芳（1307）、百和（9938）、邦泰（8935）、寶成（9904）、豐泰（9910）、F-鈺齊（9802）
健身器材	喬山（1736）、祺驊（1593）
自行車及零組件	巨大（9921）、美利達（9914）、桂盟（5306）、建大（2106）
運動用品	拓凱（4536）、明安（8938）、大田（8924）

◎運動用穿戴裝置受惠廠商請參閱本章第15篇。

22 輕量化趨勢來臨，哪些碳纖維概念股必須鎖定？

碳纖維（Carbon Fiber）指的是含碳量在九〇％以上的人造纖維，多數由聚丙烯腈（PAN）所製成；而碳纖維複合材料則是以碳纖維作為補強材，加上各種不同的樹脂作為基材，所結合而成的一種材料。由於該複合材料具備有重量比鋁輕、強度比鋼強、彈性模數高不易變形，且耐高溫、耐酸、導電性強、長期受力不發生潛變，還有耐疲勞、不易熱脹冷縮、尺寸穩定度強、具自潤滑性、熱導率高等多項特性，目前幾乎沒有其他材料能同時具備相同的特性，因此，近年來碳纖維複合材料被廣泛地運用在生活上，成為一項兼具「輕量化」與「安全」的關鍵材料。

碳纖維複合材料的應用範圍相當多元，並且逐年增加中，最常見的即是運動休閒產業，像自行車、高爾夫球杆、網球拍、釣魚竿等，即採用了大量的碳纖維複合材料；航太工業上，隨著新世代商用客機紛紛採用輕量化材料設計，逐步以碳纖維複合材料取代金屬材質的鋁合金材料，相關需求也隨之提升；汽車產業上，為了減少二氧化碳的廢氣排放量，各大車廠逐漸往汽車輕量化發展，碳纖維複合材料的使用也增加；風力發電上，由於風力發電機走向大功率化，葉片長度也增加，應用到碳纖維複合材料的部分也跟著增加；醫療設備上，由於碳纖維的X光透過率高，且損耗率低，與人體具相容性，因此，高階醫學影像診斷設備也多採用碳纖維複合材料。另外還有在土木工程上的抗震補強、3C產品上的機殼、工業用機器人手臂、海洋鑽油平台設備等，近年來都使用到愈來愈多碳纖維複合材料。

先前由於碳纖維自行車的售價高於鋁合金自行車數倍，使得目前碳纖維自行車在全球自行車的滲透率仍低於一〇%；但未來隨著民眾將自行車由代步工具轉變為運動休閒用品，以及碳纖維及鋁合金價差縮小後，碳纖維自行車的市場接受度也將明顯提升，帶動碳纖維複合材料的需求成長。

工業用途上，則以風力發電、汽車零組件、土木工程等成長性較佳，特別是二〇一三年七月，德國汽車大廠BMW推出的電動車i3即採用碳纖維車體，市場給予正面評價，後續更可望帶動其他車廠推出使用碳纖維的車款，也將提升使用量；至於航太產業上，輕量化趨勢帶動了碳纖維複合材料的需求，一九八〇年代，當時飛機上僅有五%是碳纖維複合材料，到現在已經超過五〇%，需求呈現正面成長。整體來看，碳纖維複合材料已成為一項具節能概念的材料，只要價格能逐步大眾化，未來前景就值得期待。

根據美國市場研究機構推估，二〇一五年前全球碳纖維市場需求將保持一三%的增長，尤其碳纖維材料在軍事國防的戰略意義，更引起中國官方的重視；而以德國複合材料大廠SGL的研究報告來看，二〇一二年全球碳纖維的需求量為三．九萬噸，二〇一三年則小幅成長五%到四．一萬噸，而二〇一四年後，在航太、汽車、工業應用大幅成長下，全球碳纖維的需求量將回到成長軌道，預估到二〇一七年時，相關需求將增加到六．八萬噸，相關業者的營運也將增溫。

明安（8938）投入碳纖維複合材料發展多時，不僅應用在高爾夫球相關用品上，也開發出汽車內裝、航太內裝、氣瓶等替代產品，近年更切入3C領域，開發出筆電機殼、手機殼及內構件等產品，搶攻相關商機；大田（8924）切入碳纖維複合材料領域多年，除了幫歐美知名自行車品牌代工自行車車架外，近年更自創碳纖維單車品牌「VOLANDO」，準備搶攻兩岸的自行車市場，營運具成長性；而拓凱（4536）為碳纖維複合材料大廠，產品應用於航太、醫療器材、安全帽、球拍等領域，是少數專精於碳纖維複合材料的業者，隨著碳纖維複合材料應用增加，後續營運也將增溫。

上緯（4733）的碳纖維材料產品，自二〇一二年起已小量出貨給自行車品牌廠，二〇一三年下半年出貨逐漸放量，而在3C產業上，目前已與機殼廠客戶洽談中，並且研發碳纖維如何應用於開採石油的抽油桿；台塑（1301）是上游碳纖維廠，產能居全球第四大，年生產規模約八七五〇噸，近年也前進歐美市場，洽談美國航空業者；福懋（1434）的碳纖維織物可應用於3C產品，後續可結合機殼業者生產外殼及保護殼，目前更已規畫跨入電動車領域，營運具想像空間；至於3C機殼廠的巨騰（9136）及可成（2474），近年來也積極布局碳纖維領域，目前都有量產能力，也值得留意。

1分鐘選股指南

碳纖維概念股

碳纖維	台塑（1301）
碳纖維織物	福懋（1434）
碳纖維複合材料產品	明安（8938）、大田（8924）、拓凱（4536）、上緯（4733）
碳纖維機殼	巨騰（9136）、可成（2474）

23 行動裝置帶動微機電（MEMS）概念股，相關企業誰得利？

從任天堂的Wii，到蘋果的iPhone 4，使用者終於能在遊戲中體驗到逼真的運動臨場感！包括傾斜、搖晃等一系列的動作，行動裝置本身都能完全掌握，而完成這項任務的幕後功臣，就是微機電系統。

微機電系統（Micro Electro Mechanical System，MEMS）是一項利用半導體製程技術，整合電子及機械功能製作而成的微型裝置，能將兩個或多個電子、機械、光學、化學、生物、磁學或其他性質，整合到單一晶片或多晶片上，具有感測、處理或致動的功能。

近十年來隨著價格下降，以及蘋果在iPhone及iPad中大量導入MEMS元件，包括MEMS麥克風、陀螺儀、電子羅盤、三軸加速計、壓力感測器等後，才開啟了MEMS在行動裝置上的新一波應用。以三軸加速計感測器為例，它能沿X—Y—Z三軸來感知運動，對於移動方向、速度及加速度的變化做出迅速的感測；藉此，行動裝置不僅能支援觸控移動瀏覽頁面、捲動網頁、更動手機方向角度顯示圖片等，甚至還能作為計步器、提供照相時防手震、提升控制手機動作的精確度、提高麥克風高解析音質等。

ＭＥＭＳ的全新應用吸引各科技大廠紛紛跟進，ＭＥＭＳ感測器的需求就在智慧型手機、遊戲機及平板電腦等消費性電子產品大量出貨下持續向上。根據市場研究機構Yole Développement的報告指出，二〇一二年全球智慧型手機與平板電腦用ＭＥＭＳ感測器市場產值為二十二億美元，預計在二〇一三年達到二十七億美元，且自二〇一三至二〇一八年間，全球智慧型手機與平板電腦用ＭＥＭＳ感測器市場，將以一八．五％的年複合成長率成長，二〇一八年時可望達到六十四億美元的市場規模。研調機構IHS iSuppli也指出，消費性電子與行動裝置應用的ＭＥＭＳ產值，可望由二〇一一年的二二．五億美元，成長至二〇一四年的一〇八．一億美元。

展望未來，在動作感測器、聲音感測器及環境感測器等物聯網的布建，加上家庭閘道器、住家自動化、新一代人機界面、即時健康監測系統、預防用醫學生物晶片、穿戴型行動裝置等多項應用帶動需求下，ＭＥＭＳ的發展前景看好。近幾年，晶圓代工大廠台積電（2330）大舉加碼投資ＭＥＭＳ晶圓代工；華新（1605）轉投資的ＭＥＭＳ晶圓代工廠探微科技也跨入該領域多年。

電聲元件的美律（2439）切入ＭＥＭＳ半導體製程麥克風領域多時，目前與國內的ＩＣ廠合作，已具有開發穿戴裝置的實力，後續發展值得追蹤；鑫創（3259）投入ＭＥＭＳ麥克風開發多年，二〇一三年陸續送樣品給客戶測試認證，獲得市場好評，未來前景也可留意；石英元件的加高（8182）與希華（2484）也跨入ＭＥＭＳ震盪器的領域，看好ＭＥＭＳ的後續應用；而由於ＭＥＭＳ後段封測製程占總製造成本四〇％以上，為了降低成本，委外代工成為元件供應商的大方向，近年台灣封測廠也陸續打入AKM、Akustica、Avago、Bosch、InvenSense供應鏈，僅剩全球ＭＥＭＳ感測器大廠意法半導體，自行從事封測業務。

封測大廠菱生（2369）布局ＭＥＭＳ封裝領域多時，近年來，透過主要客戶InvenSense取得多軸陀螺儀、加速度計、電子羅盤的封裝訂單，間接切入國際品牌廠供應鏈，並且也拿下國外ＭＥＭＳ麥克風大廠封裝訂單，切入高階智慧型手機供應鏈，目前相關營收比重已逾一成，並且持續增加中。而為了因應ＭＥＭＳ封裝的訂單需求，現階段菱生已在台中梧棲擴充新廠中，未來營運前景值得鎖定；封測的矽格（6257）也跨入ＭＥＭＳ封測製程，主力為加速計，積極與客戶接洽中。

與鑫創共同開發ＭＥＭＳ麥克風的力成（6239），相關產品的封裝出貨量持續提升中；ＭＥＭＳ封裝的同欣電（6271）先前曾與美國大廠合作應用在筆電上的ＭＥＭＳ麥克風，目前與ＭＥＭＳ供應商合作開發新的封裝方式中，相關產品效益仍待觀察；泰林（5466）二〇一一年與日本旭化成簽訂五年測試代工訂單，也打入ＭＥＭＳ領域；京元電（2449）以自製設備與機台配套切入ＭＥＭＳ測試業務，近期成功通過InvenSense認證，後續營運具想像空間；日月光（2311）及矽品（2325）也切入ＭＥＭＳ多年，並布局系統級封裝（System in Package，SiP）技術，具有相關產能；全智科（3559）先前也看好ＭＥＭＳ領域發展，投入相關布局。

另外，由於SiP技術能將不同感測應用功能整合，以減少元件的用量，具有低功耗與輕薄短小等優勢，後續在行動裝置皆需放入無線通訊射頻、ＭＥＭＳ、光學等多項功能，並且朝微縮方向發展下，SiP封裝相關應用也會增溫。國內ＩＣ設計的旺玖（6233）、盛群（6202）、聯傑（3094）、亞信（3169）、笙科（5272）等都投入相關領域的開發，後續也可望間接受惠。

1分鐘
選股指南

MEMS微機電系統概念股

MEMS麥克風	美律（2439）、鑫創（3259）
MEMS晶圓代工	台積電（2330）、華新（1605）轉投資探微科技
MEMS震盪器	加高（8182）、希華（2484）
MEMS 封裝	菱生（2369）、矽格（6257）、力成（6239）、同欣電（6271）、泰林（5466）、京元電（2449）、日月光（2311）、矽品（2325）、全智科（3559）
SiP系統級封裝	旺玖（6233）、盛群（6202）、聯傑（3094）、亞信（3169）、笙科（5272）

24 交通事故求自保，行車紀錄器搶市，有哪些觀察重點？

近年來，為了因應交通事故責任歸屬不易的問題，許多駕駛開始在車上裝設行車紀錄器，透過行車紀錄器內建的攝影功能，即時記錄各種路況，以釐清交通事故的責任歸屬，並提供有力證據，確保自身權益。

根據相關業者估計，目前行車紀錄器每年全球需求量高達兩千萬台，市場規模仍在持續成長，其中猶以民眾行車禮儀尚未成熟，駕車素養有待提升的中國市場，最具發展潛力，許多駕駛都裝有行車紀錄器來自保，這也帶動了行車紀錄器的需求；而在歐美國家，則有不少高級房車將行車紀錄器納入標準配備中，整體市場正蓬勃發展。

行車紀錄器的種類繁多，最早用於商用車輛上，近年來在國內科技業者紛紛投入生產下，產品持續推陳出新，包括感光元件的畫素提高，能呈現更精細的紀錄畫面；整合即時GPS衛星定位資料與行駛路線紀錄的強化功能；部分機種更可以提供行車即時影像輔助功能，讓駕駛可以直接在行車紀錄器螢幕當中，看到車側或倒車影像，增加倒車安全性。種種不同的品質也反應在售價上，讓行車紀錄器的價格從幾千元到幾萬元都有。

根據通路業者統計，目前台灣行車紀錄器每年已有四十萬台的市場規模，市場及毛利都高於可攜式導航裝置，因此，大多數的GPS業者都切入行車紀錄器領域，搶攻後續商機。

神達控（3706）切入行車紀錄器市場多時，旗下的Mio品牌在台市占率接近二○%，日前推出機車及戶外專用的行車紀錄器「Mio小金鋼」，搶攻台灣高達一千四百至一千五百萬輛的機車市場，未來也計畫在俄羅斯、歐洲、東南亞等地推出機車行車紀錄器，後續一旦市場接受度隨之提升，也將推出平價款、重機款等高中低階的產品，以增加市占率，營運具想像空間；而無敵（8201）也推出BESTA品牌的行車紀錄器。

生產導航軟體及GPS的研勤（3632）近年積極轉型，目前營運主力已是行車紀錄器，占營收比重已達七○%至八○%，二○一二年出貨約二十萬台，其中光在中國市場出貨就超過十萬台，占出貨比重五○%以上，二○一三年隨著中國正式實施新交通規則，確保行車安全，不少車主開始添購行車紀錄器自保，也帶動研勤在中國行車紀錄器的接單增溫，營運步入收成期。裕隆集團的華晶科（3059）也跨入車用電子領域，開發一系列智慧型行車安全輔助系統，包括鷹眼系統、行車紀錄器及車道辨識系統等產品，後續跟著裕隆集團旗下的納智捷汽車，前進全球市場，相關產品的出貨量也可望放大。而天瀚（6225）也推出多功能行車紀錄器，搶攻相關商機。

行車紀錄器興起，其中視訊影像整合晶片產值逼近一億美元（約三十億元台幣），吸引了國內ＩＣ設計業者相繼投入，希望能打破過去由美商安霸（Ambarella）獨霸全球數位相機與照相攝影機產業中系統單晶片的局面。目前安霸晶片售價較高，以同樣規格產品相比，台系ＩＣ設計業者有近三〇％價差，若與中階產品相比，價差更達五〇％，後續在行車紀錄器售價走向大眾化下，台廠將有一定的競爭優勢。

目前行車紀錄器視訊影像整合晶片，可分為高、中、低階等市場。高階市場的產品可支援Full HD 1080P超高解析度，目前以美商安霸為市場龍頭，市占率逾五〇％；台股當中，凌陽集團的凌通（4952）近年積極由中階市場跨入高階市場，而聯發科（2454）子公司曜鵬（3538），技術核心為影像處理，近年逐漸將核心技術轉戰智慧電視、行車紀錄器等，今年初也切入高階行車紀錄器市場；另外，倚強（3219）近年也將產品擴增至行車紀錄器控制晶片領域，營運也有機會受惠。

中階市場則以達到HD 720P解析度的產品為主，目前以聯詠（3034）為主要供應商；而安國（8054）由既有的NB Cam技術做延伸，切入中階產品市場，從二〇一三年八月起，攝影機控制晶片已開始小量出貨給中國客戶，二〇一四年對營收的貢獻將愈來愈明顯；至於低階產品以VGA三十萬畫素規格為主，技術門檻較低，目前像凌陽（2401）、太欣（5302）等都推出相關晶片。

然而，由於行車紀錄器相關產品占IC設計公司的營收比重有限，僅屬熱門題材，多數在獲利貢獻上尚不明顯，僅有少數公司能受惠；反而是推出自有品牌行車紀錄器的業者，由於該項業務占營收比重有一定程度，一旦銷售量能明顯成長，後續所產生的獲利對營運就有正面助益，值得列入追蹤。

1分鐘選股指南

行車紀錄器概念股

行車紀錄器	神達控（3706）、研勤（3632）、華晶科（3059）、天瀚（6225）、無敵（8201）
行車紀錄器視訊影像整合晶片	凌通（4952）、曜鵬（3538）、聯詠（3034）、安國（8054）、凌陽（2401）、太欣（5302）、倚強（3219）

25 文創產業熱度方興未艾，有什麼投資新亮點？

文化創意產業，一個近年興起的名詞，許多國家都已將它列為重點發展項目。以鄰近的韓國為例，一年文創產值就高達八十二兆韓圜（約二．二兆台幣），而以韓劇《大長今》為例，當時每集以十萬美元（約二九五萬台幣）來製作，最後該劇在全球六十多個國家播出，衍生出來的小說、音樂、主題、觀光旅遊等商機，整體周邊效益高達九〇〇億台幣，同時也提升了韓國的國際地位，而後續的《情定大飯店》、《冬季戀歌》等也創造了可觀的經濟效益，更將韓國的汽車、科技產品、化妝品等推向世界舞台，帶來更多的商機。

根據行政院的定義，源自創意或文化積累，透過智慧財產的形成及運用，具有創造財富與就業機會的潛力，並促成全民美學素養，使國民生活環境提升的產業，就稱為「文創產業」。而櫃買中心為響應政府推動台灣文創產業發展，也開始規畫新增文化創意產業。

以資訊硬體平台，提供聲光娛樂予一般消費大眾的遊戲產業，如智冠（5478）、網龍

（3083）、橘子（6180）、歐買尬（3687）、宇峻（3546）、鈊象（3293）、辣椒（4946）、華義（3086）、樂陞（3662）、昱泉（6169）、大宇資（6111）、傳奇（4994）等，都屬於文創的範疇。其中樂陞是首家參與PS4及Xbox One遊戲美術製作的台廠，近年積極進軍手機遊戲市場，搶占行動裝置商機，且旗下北京樂升今年成功在北京新三板掛牌，發展前景值得期待。

以文創風格，進行商場經營管理的誠品生（2926），旗下業務分為通路事業及餐旅事業，除了複合商場經營管理外，也有藝術展演空間，曾獲選「全球指標性文創概念商店」，近年開始往香港及中國設點，與以書局及畫廊事業為經營主體的母公司誠品，一同搶攻兩岸華人的文創商機。華研（8446）以流行音樂的錄製及發行、著作權授權、藝人演藝經紀、演唱會收入等為主，目前旗下藝人有二十五人，累計音樂、影視數量都超過一千首（支），近年積極投入數位音樂授權的領域。

以素還真布袋戲聞名的霹靂（8450），以劇集發行、周邊商品及系統頻道為主要業務，每年能產出逾八千分鐘劇集，以本身的原創內容為基礎，累積龐大的智慧財產權，不僅能發行影集，也能透過授權推出衍生商品，以及展開異業結盟，創造商業價值。二〇一三年初，霹靂就與智冠旗下子公司智樂堂合推遊戲《霹靂神州Online》，在市場上創下佳績，而未來智冠與霹靂也將持續推出新作，以及轉移至行動平台，打造文創的新商業模式。

水晶玻璃藝品設計、買賣的琉園（9949），不僅在兩岸都設有銷售據點，也在中國最大網購商城——淘寶網設立虛擬店鋪，每年都推出多款作品，尤其生肖系列更是熱賣商品，是文創產業代表股；電視台的中視（9928）獲得蔡衍明的旺旺集團入主後，營運逐步改善，目前旗下擁有四個數位頻道、一個類比頻道；而台視（8329）旗下擁有三個數位頻道、一個類比頻道，後續頻道的潛在價值都具想像空間，屬於廣播電視產業；另外，從事書籍雜誌出版的時報（8923）、影音產品出租及買賣的得利（6144）也具文創概念，只是這些企業由於面臨全球文創企業的相互競爭，後續營運的挑戰不少，獲利狀況仍待觀察。

隨著文創產業愈來愈受到矚目，相關的企業價值都有機會被市場重新評估；不過由於台灣市場規模相對較小，如何進一步擴展市場規模才是致勝關鍵；尤其是與台灣語言及文化相近的中國，擁有十三億人口的消費市場，電影、廣告、遊戲產值，每年都以約三〇％的速度快速成長，而各文創業者多以進軍中國為下一個階段性目標。

華研日前宣布跟中國騰訊合作，將在中國錄音及視聽著作權的公開傳輸權（含網路），獨家授權給騰訊QQ，以減少網路上未經授權使用錄音及視聽著作的狀況，後續來自中國的營收可望增溫；而誠品生活二〇一四年蘇州店也將開幕，未來預計以每年至少開出一店的速度在中國擴張版圖，後續營運值得期待。

1分鐘
選股指南

文化創意產業概念股

遊戲軟體	智冠（5478）、網龍（3083）、橘子（6180）、宇峻（3546）、歐買尬（3687）、鈊象（3293）、辣椒（4946）、華義（3086）、樂陞（3662）、昱泉（6169）、傳奇（4994）、大宇資（6111）
文創商場	誠品生（2926）
音樂發行、藝人經紀	華研（8446）
劇集發行、產品授權	霹靂（8450）
電視台	中視（9928）、台視（8329）
書籍出版	時報（8923）
影音出租買賣	得利（6144）

26 美國房市景氣復甦，哪些周邊產業後市看好？

美國房地產景氣逐步轉佳，根據美國全國房仲業者協會的統計資料，二〇一三年上半年，現有房屋庫存已降至兩百萬戶以下，遠低於正常水準的兩百五十萬至兩百七十五萬戶，更不到二〇〇七年房市高峰時期一半的庫存量，低房屋庫存成為推升房屋價格的重要因素，帶動了美國房市復甦；而由於看好美國景氣復甦，加拿大、英國、德國及中國等海外買家，對美國住房的興趣提高，也推動了整體購屋需求的提升。摩根士丹利即預估二〇一四年Case-Shiller美國二十大城市房價將上漲四％至六％，高盛也預估美國房價指數至二〇二〇年將上漲三〇％。

目前美國整體房貸占民眾收入比重，約由一五％上揚至一七％，仍然低於長期平均的二二％，加上未來幾年新家庭數量增加所產生的首次購房需求，以及金融海嘯後，美國的房貸機構大幅提高了抵押貸款的申請標準，購屋者的信用較佳，能夠承受較高的融資成本，因此，只要抵押貸款平均利率短期內不出現大幅上揚，影響民眾借款購屋意願，房市就會穩健復甦，這也是觀察美國房市多空的指標。

美國房地產業復甦，不僅對於當地的房產相關業者有利，連帶的周邊產業如建材、衛浴設備、廚具用品、工具機、修繕工具、鎖具、家具、居家用品等需求也隨之增溫；在台股中，有不少企業即以美國為外銷市場，有機會受惠於這一波美國房市復甦，後續營運值得期待，也被市場視為「美國房市復甦概念股」。

衛浴設備中，水龍頭製造商成霖（9934）以自有品牌生產及代工衛浴用品為主，以Gerber品牌主打平價市場，過去主要針對批發市場發展，目前已與美國最大批發商Ferguson合作，後續在美國房市景氣復甦，帶動衛浴需求成長下，相關產品報價逐步調漲，營運可望受惠；全球最大鋅合金水龍頭零組件生產商橋椿（2062），為全球第一大鋅壓鑄製造商，產品主要應用於水龍頭零配件及衛浴設備零配件等，受惠北美房地產景氣轉好，主力客戶美國摩恩、科勒及得而達等衛浴大廠的接單增溫，業績也穩健向上。

美國建築不少為木造房屋，內部裝潢也多以DIY木製品為主，每年春夏由於天災頻繁，民眾自己動手修繕房屋的機率也提高，因此帶動了釘槍及氣動工具機的需求；而根據台灣區機器公會統計，二〇一二年台灣工具機出口值達四二・三六億美元，較二〇一一年的四十億美元成長五．九％，其中美國出口值五．三三億美元，排名第二，但年增率高達五〇．六％，呈現明顯成長。二〇一三年在美國房市復甦下，工具機產業對美國的出口也持續成長，尤其是與房屋建造、維修及裝潢相關的手工具機業，營運都將增溫。

國內最大氣動工具製造廠鑽全（1527），產品外銷美洲比重達六〇％以上，多用於房屋建造修繕、家具裝潢、棧板業等，主要客戶Stanley在美國氣動工具機市占率超過五成，營運與美國房市景氣連動；氣動式工業用槍釘的F－駿吉（1591），產品以屋頂釘、塑排釘、紙排釘為主，主要客戶為美國Master Fasteners與Itochu等，營收比重約有八〇％集中在美國，業績與美國房市呈現正相關。

打釘機製造廠的力肯（1570），產品主要銷售於美國及歐洲等木造房屋較多的地區；電動／氣動工具機的力山（1515），旗下電動工具機產品主要以北美DIY市場為主，隨著美國房市復甦，後續營運也會增溫。另外，製鎖OEM大廠福興（9924）來自美國的營收比重逾六〇％，主要代工客戶為美國Schlage，受惠美國成屋銷售增溫，消費者在購屋之後多半會更換門鎖，進而產生換鎖需求，營運穩健向上，業績與美國成屋銷售呈現高度相關，後續發展也值得期待。

戶外休閒金屬家具商F－基勝（8427）掌握全世界各零售通路商客戶群，如Target、

Wal-mart、Sears等，美國市場占營收比重達七〇%左右，在美國房市復甦帶動家具業訂單回補下，目前接單已到二〇一四年第一季。而為了拉高獲利，F-基勝近年來也積極研發新產品，目前更開發出新品牌Patiologic來鎖定高端消費群，目前以歐美市場為主。

特力（2908）旗下包括兩岸零售與貿易兩大事業體，今年貿易強化代理採購業務，與美國大型零售通路商加強合作，隨著美國房市復甦，民眾對於居家相關商品採購增加下，相關業務有望增溫，後市營運看俏。

1分鐘選股指南

美國房市復甦概念股

水龍頭／水龍頭零組件	成霖（9934）、橋椿（2062）
釘槍／氣動工具機／槍釘	鑽全（1527）、力肯（1570）、力山（1515）、F–駿吉（1591）
鎖具	福興（9924）
戶外休閒金屬家具	F–基勝（8427）
居家用品採購代理	特力（2908）

27 休閒生活重要性增溫，觀光旅遊成顯學，誰能受益？

隨著經濟發展，各國人均所得提升，對於休閒生活與觀光品質的需求也同步提升，各國政府也愈來愈重視觀光旅遊產業所帶來的經濟成長與就業機會。根據世界觀光旅遊委員會（World Travel & Tourism Council，WTTC）二〇一三年的報告指出，二〇一二年觀光旅遊業為全球經濟貢獻了六．六兆美元（占全球GDP的九．三％），預估到二〇二三年全球觀光產業規模約占全球GDP的一〇％（約一〇．五兆美元）；而全球觀光相關產業從業人口，在二〇一二年約二．六億人，預估二〇二三年將可增加至三．三億人，顯示觀光旅遊產業在一個國家的經濟發展中，所處的地位愈來愈重要。

近年來在民眾對旅遊需求提升，加上政府採取「多元開放、全球布局」的行銷策略奏效，尤其二〇〇八年起，逐步開放陸客來台觀光之後，更是帶動了觀光旅遊業蓬勃發展。根據交通部觀光局統計資料，二〇一二年國人海外旅遊高達一〇二三萬人次，來台觀光客也突破七三一萬人次，兩者紛紛創下歷史新高！而二〇一三年在兩岸人民觀光交流往來愈加熱絡下，造訪台灣的國外旅客更有機會挑戰八〇〇萬人次大關！未來在兩岸包機航班增加、陸客自由行的單日額度提升、陸客自由行試點城市逐步增加、簽證核准的放寬，以及渡輪直航的開放等政策之下，以陸客為首的來台旅客更可能持續增加，朝年度千萬人次邁進，為台灣觀光業寫下新猷。

觀光旅遊產業中長期商機看好，直接受惠的就是旅遊業者，旅行社雄獅（2731）採取虛擬網路及實體通路雙軌並進的策略，提供客戶旅遊資訊並銷售相關服務，在台灣市占率約一一%，近年積極布局兩岸及東南亞市場，後續隨著政策開放，業績可望持續增溫；而同屬旅行社的鳳凰（5706）、燦星旅（2719）、易飛網（2734）等業者，目前也多採取虛實並進策略，後續在觀光旅遊業發展看好下，營運也可望向上。

運輸、住宿、餐飲、消費業等也是觀光產業升溫下的受益族群。根據交通部觀光局統計，二〇一三年前八月，全台總計有一〇七家觀光旅館，累計入住旅客達七二九萬六〇一三人次，而一旦入住旅客增加，住宿房費也會提升，對於飯店業者及轉投資飯店的企業有利，尤其像晶華（2707）、國賓（2704）、六福（2705）、亞都（5703）等上市櫃的飯店業者，由於房費較高，吸引的以日本客及商務客為主，並且旗下也有餐飲業務，後續業績可望受惠。

轉投資飯店方面，燁輝（2023）持有逾二八%的義大開發，而義大開發正是高雄近年崛起的「義大世界」經營主體，營運具有想像空間；鄉林（5531）預計十年內在中國三十個城市興建涵碧樓酒店，目前在青島、南京、武漢、瀋陽等城市已加速推動，後續也具觀光概念；另外，像國建（2501）轉投資國泰商旅、太子（2511）轉投資W Hotel、皇翔（2545）簽下萬豪酒店（Marriott Hotel）的品牌授權合作備忘錄，未來規畫進駐台北，後續都有機會分食觀光大餅。

至於餐飲業者中，以平價為訴求的王品（2727）近年持續布局兩岸市場，目前在兩岸共有十四大品牌，包括王品、西堤、陶板屋、原燒、聚、藝奇、夏慕尼、品田牧場、石二鍋、舒果、曼咖啡、花隱、LAMU慕、Hot7等，合計超過三百個據點，後續在品牌效益發酵，以及觀光旅遊對外食需求提升下，業績持續向上；以「店中店」經營模式為主的瓦城（2729），旗下擁有1010湘、瓦城、非常泰等三大品牌，二〇一三年第四季正式進軍上海，並且也與中國百貨龍頭金鷹百貨合作，進軍中國百貨美食街，同樣在觀光客對外食需求增溫下，業績可望受惠。

在內需消費產業中，百貨商場誠品生（2926）近年也積極發展兩岸市場，成為觀光客必去的旅遊點，而繼二〇一二年香港店開幕後，蘇州店將於二〇一四年第四季開幕，搶攻兩岸華人消費商機，後市也不容小覷。

只是成也政策，敗也政策，中國首部《旅遊法》於二〇一三年十月一日實施，文中明訂旅行業者不可以指定購物點並抽取佣金，等於不得再組不合理的低價團，否則裁罰三萬至三十萬元人民幣，情節嚴重者更可吊銷執照，導致短期內中國赴各國旅遊團費調漲，旅客出國意願就受到壓抑。以台灣爲例，短期旅行業者首當其衝，單是十月分團量就下滑三〇%，而以陸客爲主的飯店、購物店、遊覽車業者也受影響，這就是政策的不確定性，後續在觀察觀光旅遊產業時，也要把政策方向視爲一項重要的參考因素，才能趨吉避凶，持盈保泰。

1分鐘選股指南

觀光旅遊升溫受惠股

旅行社	雄獅（2731）、鳳凰（5706）、燦星旅（2719）、易飛網（2734）
觀光飯店	晶華（2707）、國賓（2704）、六福（2705）、亞都（5703）
轉投資飯店	燁輝（2023）、鄉林（5531）、國建（2501）、太子（2511）、皇翔（2545）
餐飲／消費	王品（2727）、瓦城（2729）、誠品生（2926）

28 連鎖餐飲商機大，哪些業者未來具有成長潛力？

一九八四年，連鎖速食龍頭——麥當勞以連鎖經營模式，成功登陸台灣餐飲市場，其作業標準化的營運模式，為台灣餐飲連鎖業建立了標竿；而近幾年隨著台灣經濟起飛，國人生活日益忙碌，飲食習慣往外食市場靠攏，吸引了許多跨國連鎖餐飲業者來台開設分店，台灣的餐飲市場蓬勃發展。

近期即使景氣不明，但是民眾可以不換車、不買手機、不升級電腦，卻不會也不能不吃，因此，餐飲成為一般民眾在不景氣時還願意支出的一個項目，只要能有明確的產品定位，獨特的行銷手法，以及符合消費者的口味，就有機會在不景氣中殺出重圍，後續商機不容小覷。

定義上，連鎖餐飲業必須涵蓋兩家或兩家以上的銷售據點，由總公司集中擁有或集中控管，使用一致的店號、商標、管理制度、訓練方式、企業識別系統（CIS）及商品結構

（產品或服務），並有相同的經營理念及提供相同的服務內容，才能視為連鎖餐飲業。

連鎖餐廳業者相較於一般獨立經營的餐館具有多項優勢，首先，餐飲流程標準化後，能以大量進貨的方式，發揮規模經濟的效果，具有議價能力，能取得較一般餐館便宜二〇%至三〇%以上的食材；其次，一個成功的連鎖餐飲業品牌較具市場認同度，在開拓據點時，能省去過高的行銷費用，具有事半功倍的效果；再來，在食品安全上，連鎖餐飲由於較有資源投入在保障消費者權益上，也較一般餐館來得有保障；另外，部分業者也設置中央工廠，以供應各分店原料或半成品，以維持餐點品質穩定，這都是連鎖餐飲業能在百家爭鳴的餐飲市場中勝出的原因。

隨著單身及類單身的頂客族人口持續增加，外食人口的比率也愈來愈高，帶動了餐飲市場的發展。據經濟部統計處統計，二〇一一年台灣餐飲業產值達三七二一億元，二〇一二年台灣餐飲業產值更達三八五五億元，市場規模穩健向上。只是台灣市場由於發展較早，相對趨於飽和，每年僅以三%至五%的速度成長，所以各家連鎖餐飲業者佈局全球市場的速度，尤其是切入中國的進度，就成了未來營運能否持續大幅成長的關鍵，像是永和豆漿、兩岸咖啡、快樂檸檬、上島咖啡、迪歐餐飲等，都是前進中國的餐飲連鎖業者。

根據中國國家統計局統計，二〇一二年餐飲業收入達二．三三兆元人民幣，而在中國商務部發表的十二五計畫中，更希望維持餐飲業每年約一六％的成長率，在二〇一五年時收入突破三．七億元人民幣的規模。為了搶攻這龐大商機，近年來，許多連鎖餐飲業都向資本市場叩關，以爭取更多的營運資金，進而在全球快速擴點，這也讓「大者恆大」的趨勢愈來愈明顯，沒有資金奧援的餐飲業者，若沒有營運特色，將逐漸被邊緣化，取而代之的是取得資金的連鎖餐飲業者，成立更多的品牌來搶攻餐飲市場，因此，這一類企業長期競爭力將持續顯現，具有投資價值。

王品（2727）目前在兩岸共計擁有十四個品牌，光在台灣就有近兩百五十間餐廳，營運極具規模，而旗下的王品牛排、西堤牛排在中國布局成果漸現，二〇一三年上半年更創下同店銷售業績成長超過一〇％的成績，營運穩健向上；瓦城（2729）旗下擁有瓦城、非常泰、1010湘三品牌，目前在台灣擁有五十多家分店，二〇一三年第四季正式進軍中國，以旗下品牌「瓦城」在上海開出首家據點，並且與港商合作，在中國經營美食廣場，後續發展也值得期待。

F-美食（2723）以八十五度C為品牌，麵包、西點、飲料為主要產品，二〇一三年積極調整中國既有店面體質，成果逐漸顯現，未來營運可望轉佳；東元集團旗下的安心（1259）經營速食品牌——摩斯漢堡，目前在台灣有近兩百四十家店，目前在中國廈門、泉州、福州以及上海等地擁有十八家店，也搭上中國餐飲題材；新天地（8940）以經營宴會筵席業務為主，在台灣有七家餐廳，在中國也有「哈爾濱新天地」，二〇一三年第四季「上海雅悅新天地」加入營運，業績也具成長動能。

連鎖餐飲業蓬勃發展之後，提供原料及供應營運設備的業者，業績也可望受惠。專攻中國地區果汁、果粒、果粉類等產品加工銷售的F-鮮活（1256），主要供貨給連鎖餐飲及外賣飲品業者現調果汁飲品，為原料上游供應商，發展前景看好；而生產攪拌機、壓麵機、發酵機及烤爐等的新麥（1580），目前為亞洲規模最大的烘焙設備業者，受惠中國連鎖麵包業的展店需求，營運同步加溫，後市也可留意。

1分鐘 選股指南

連鎖餐飲概念股

布局兩岸的連鎖餐飲業者	王品（2727）、瓦城（2729）、F-美食（2723）、安心（1259）、新天地（8940）
餐飲設備及原料業者	新麥（1580）、F-鮮活（1256）

◎ 許多飯店業及食品業者皆有跨入連鎖餐飲市場，只是相較其本業來看，所占比重不高，故此章節以純度較高的連鎖餐飲業者為主。

29 綠色能源抬頭，風力發電發展看俏，相關供應鏈誰看好？

隨著人們環保意識抬頭，綠色能源議題在全球發燒，節能及替代能源商機崛起，包括太陽能、生質能源、燃料電池、LED以及風力發電等產業，近年來都成為世界各國爭相發展的重點。

風力發電指的是利用空氣流動所產生的風能，帶動風力機（Wind Turbine）的風車葉片旋轉產生機械能，接著透過增速機將旋轉的速度提升，進而帶動發電機，把機械能轉化為電能，最後再經由電力轉換、變壓後與電網並聯傳輸至用戶端，供用戶使用。

風能是一種自然能源，環境汙染問題較少，僅有葉片運轉產生的低頻噪音，相較於煤電、油電、核電會造成的汙染，來得相對輕微。最早的風力發電機出現在十九世紀末，但到了一九八〇年代，相關技術逐漸成熟後，風力發電才陸續被應用在工業活動中。目前風力發電設備分為陸域式及離岸式兩種，現階段陸域式風力發電成本已低於傳統發電成本。

根據世界風能協會（World Wind Energy Association）公布的資料顯示，風力發電在全球接受度日益提升，目前全球各地已有一百個國家擁有風力發電廠，二〇一二年全球風力發電容量已達到282 GW，約占全球電力需求量的三%，而同年全球風力發電的產值已達六〇〇億歐元的水準。據世界風能協會預估，未來二十年內全球風力發電容量會增加十倍；如果全球電力需求量維持在目前的水準，屆時風力發電將可供應全球三〇%的電力需求，成為未來的一項重要能源，如此的發展前景也讓世界各國紛紛投入，積極設廠。

近年來，中國積極興建風力發電設施，已成為亞洲最大的風能發電設備市場，光是二〇一二年新建設施的發電容量即達13 GW，國際能源總署（IEA）即預估二〇二〇年中國將超越歐盟，成為全球最大的風力發電國家；至於台灣的風力發電供應鏈中，部分大型風機元件如發電機、鑄件、葉片及葉片樹脂等業者，已切入國際大廠供應鏈，有機會在全球風力發電產業快速成長中受惠；另外，有些風力發電設備業者也拿下國內風力發電工程訂單，後續商機皆不容小覷。

國內的風力發電供應鏈中，可分為原材料、零組件加工及組裝、OEM風力機組裝、風場工程等。

原材料中，包括玻璃纖維的台玻（1802）、碳纖維的台塑（1301）、鋼材的中鋼（2002）、風力發電葉片樹脂及機艙罩結構工程的上緯（4733）、葉片樹脂材料的長興（1717）等。

零組件加工及組裝中，包括生產風力發電機（風機輪轂、底座、軸承座）鑄件的F-永冠（1589）、生產風力發電機組用高壓鋁質電容的立隆（2472）、生產風力發電扣件的春雨（2012）、生產風力發電機組用變壓器及風場的變電所變壓器的華城（1519）、生產風場監測系統的研華（2395）等；至於東元（1504）不僅生產永磁同步風力發電機組、風力發電機、電力轉換器、控制系統、小風機等風力發電相關設備，也從事大型風力發電設備整機組裝，在風力發電領域布局完整。

跨足風力發電等領域多年的研華，所生產的嵌入式無風扇自動化工業電腦，能在風力發電系統運轉過程中，提供遠距檢視監控的功能，目前已打入中國多家風力發電業者供應鏈，後市值得追蹤；而F-永冠則受惠客戶德國西門子及美國奇異（GE）等風力發電設備商看好風力發電前景，持續追加訂單，營運也加溫。

在風場工程上，中興電（1513）與樂士（1529）皆有承包風力發電機組工程的能力，過去也拿下台電相關風力發電工程訂單，而台汽電（8926）旗下的星能公司也承接相關工程；而在輸配電上，則有生產風力發電變壓器、配電盤等相關設備的士電（1503）；生產輸配電設備，先前並與擁有多國專利變桿槳柄的西班牙Sonkyo Energy簽約，取得高效率小型風力發電機代理權的大同（2371）；以及提供氣體絕緣開關設備（GIS）給風力發電機組的亞力（1514）等，這些業者後續也可望受惠。只是由於風力發電相關訂單占相關業者的營收比重不一，後續業績貢獻度仍要觀察。

另外，二〇一一年經濟部啟動「千架海陸風力機」計畫，次年更公布「風力發電離岸系統示範獎勵辦法」，目標是二〇二一年時要建置六百座離岸風力發電機組，並且要將關鍵零組件國產化，且提升國內風電產業的自給率，一年商機上看三百億元；目前除了台電外，中鋼也開始對於風力發電事業進行評估，而台船（2208）則是已與永傳能源合資成立新公司，搶攻離岸風力發電運轉維護的商機，後續都可望為風力發電族群帶來新契機，未來前景看俏。

1分鐘選股指南

風力發電概念股

原材料	台玻（1802）、台塑（1301）、中鋼（2002）、上緯（4733）、長興（1717）
零組件加工及組裝／風力機組裝	F–永冠（1589）、立隆（2472）、春雨（2012）、華城（1519）、研華（2395）、東元（1504）
風場工程	台船（2208）、中興電（1513）、樂士（1529）、台汽電（8926）、士電（1503）、大同（2371）、亞力（1514）

30 電動車Tesla熱賣，帶動相關產業，哪些廠商營運可望增溫？

近年來，由於油價高漲，加上全球對環保問題日趨重視，電動車產業應運而生；一般而言，利用電動馬達作為驅動力的車輛都可稱為「電動車」，主要原理為將外部電力能源經由充電器儲存於電池中，而在駕駛時，經由驅動控制器控制馬達轉動，進而帶動車輛運行。主要元件為電池、電池控制模組、馬達等，其中電池占總成本約三〇%至五〇%，是電動車中最為關鍵的元件。

先前由於電動車製造成本高，且電池壽命較短，安全性讓人有疑慮，加上行駛距離較為短程，以及充電站不普遍，因此電動車的售價較高，市場普及率較低，但這個現象在二〇一三年開始出現轉變。電動車大廠Tesla於二〇一三年第一季在北美市場推出電動車Model S，即使每台定價高達七萬美元，仍獲得市場好評，光是第一季就賣出四千九百輛，在北美市場的同級車銷售優於賓士和BMW等一線大廠，顯示全球消費者對於電動車愈來愈青睞。

看好電動車的接受度及普及率提升，Tesla也積極進軍歐洲及中國市場，而為了推動Model S在歐洲的銷售量，不僅於二〇一四年將推出首款電動休旅車Model X，並於二〇一四年底前在歐洲大舉建造超級充電站；據了解，這座超級充電站採用全球最尖端的充電技術，為Model S的充電速度約較一般充電站快上二十多倍，只要花二十分鐘就可以將Model S的電池充到半滿，等於可以讓車子跑上三百公里！

隨著這一類配套措施愈來愈普及，民眾接受電動車的意願可望愈來愈高，若配合Tesla執行長馬斯克（Elon Musk）所承諾的「Tesla會在五年內推出符合大眾需求的電動車」，未來銷售前景看俏；而根據JD Power的分析數據顯示，全球電動車市場規模到了二〇二〇年將超過五百萬台，等於未來數年電動車市場規模將呈現大幅成長。

爲了滿足市場需求，Tesla已通知協力廠，加速擴充產能，以因應未來迅速增長的訂單，對於已打入Tesla供應鏈的業者有利。連接元件的F-貿聯（3665）為Tesla電動車連接線束供應商，原先車用線束僅供貨特定領域，但是隨著品質獲得客戶肯定後，交貨範圍擴大，目前已跨入高性能引擎動力傳輸線束領域，隨著Tesla熱賣，後續業績可望提升；正崴集團（2392）近年積極跨入汽車電子領域，開始供應Tesla所需的軟板、線束、連接元件，並且將共同開發電控模組，而同集團的維熹（3501）也已經開始出貨給Tesla車用充電電源線；

毅嘉（2402）的車用頭頂控制器，已打入Tesla供應鏈。

信邦（3023）透過系統廠卡位Tesla充電站的充電槍頭；旺宏（2337）布局車用NOR Flash領域多時，近期傳出打入Tesla供應鏈；康舒（6282）也加入Tesla供應鏈，進行下一代電動車車身充電口的開發；和大（1536）為Tesla汽車減速齒輪箱全球唯一供應商；汽車零件及扣件製造廠的世德（2066）已取得Tesla電動車Tier 2供應商優勢，並取得四十多種零件組裝於Tesla Model S，後續隨著銷售增溫，Tesla占營收比重也可望提升。

看到Tesla熱賣，全球各大汽車廠也紛紛切入電動車領域，日產Nissan推出電動車Leaf，銷售開出紅盤；德國車廠ＢＭＷ推出的電動車i3，接獲的預購訂單已逾八千台，超出預期，考慮擴充產能，市場預估二〇一四年i3銷售量可望突破一萬台。

近年布局電動車電力測試市場的致茂（2360），除了與Tesla合作多年外，也與德國車廠ＢＭＷ展開合作，據悉，ＢＭＷ電動車i3供電系統及電池就是採用其量測設備，後續營運發展也值得追蹤；電池模組的新普（6121）也積極投入高功率電池領域，研發電池模組及動力系統，目前以二輪電動車進展較快，近期也往四輪微型車領域發展。

鋰電池正極材料的長園（8038）以私募引進日本豐田株式會社，進軍儲能市場，目前已與國際大廠積極開發電動車；而同屬正極材料的Ｆ-立凱電（5227）推出的磷酸鋰鐵電池正極材料，已應用於電動車領域，目前成為台灣首家具備電動巴士及充換電站系統營運供應商，後續也具電動車概念；必翔（1729）已成功開發出電動車用機電系統，並且推出自有品牌小型電動車；而台達電（2308）針對電動車所研發的電池零組件已切入歐、美、日等國際車廠供應鏈，其電動馬達更已開始出貨給機車廠，後續可望進軍電動車市場。

另外，以介相瀝青製成電池負極材料的中碳（1723）、製作汽車馬達的研華（2395）、電子控制器的盛群（6202）等，後續隨著電動車產業加溫，營運也可望受惠，未來前景值得追蹤。

1分鐘選股指南

電動車概念股

Tesla供應鏈	F–貿聯（3665）、正崴（2392）、維熹（3501）、毅嘉（2402）、信邦（3023）、旺宏（2337）、康舒（6282）、和大（1536）、世德（2066）
電動車零組件及周邊	致茂（2360）、新普（6121）、長園（8038）、F–立凱電（5227）、必翔（1729）、台達電（2308）、中碳（1723）、研華（2395）、盛群（6202）

第 2 章

迅速掌握
8個生技醫療發展

31 隱形眼鏡需求大增，哪些業者掌握相關商機？

把鏡片直接戴在眼球上的概念，最早是由達文西所提出；到了十九世紀末，才正式出現第一副隱形眼鏡。隱形眼鏡的功能與傳統框架眼鏡相同，主要用於協助愈來愈多近視人口矯正視力，包括近視、遠視、散光、老花、像差等，相較於框架眼鏡，由於隱形眼鏡沒有鏡框、且重量相當輕，不會影響配戴者的外觀，深受愛美人士好評；而沒有框架也為運動人士帶來更大的便利性，不用擔心運動時的碰撞造成鏡片碎裂，因此，近年來隱形眼鏡愈來愈受歡迎。

隱形眼鏡最早是透明鏡片，後來為了方便佩戴者自護理液中辨識夾取，發展出水藍鏡片；近年來，因應美觀及化妝等需求，又發展出彩色片、美瞳片等產品。若以隱形眼鏡的使用期限來分，目前可分為日拋、周拋、雙周拋、月拋、季拋、半年拋，及一年以上之長戴型，產品種類愈來愈多元，民眾的選擇也愈來愈多。近年由於看好隱形眼鏡戴完即丟、經常更換的發展潛力，許多科技大廠也紛紛跨入隱形眼鏡領域，搶攻相關商機。

目前全球隱形眼鏡市場規模每年約二千億元，屬於寡占市場，每年以五％左右成長率發展，前四大品牌嬌生、視康、酷柏、博士倫等即擁有九五％的市占率，其餘多屬各區域的通路品牌，以及小規模的自有品牌業者。

由於通路商本身不具有製造能力，因此產品多採取委外代工，這些代工訂單的釋出就產生了商機；在工研院產經中心（IEK）二〇一三年第二季醫療器材產業回顧與展望報告中，就指出由於部分廠商擁有國際大廠穩定的代工訂單，且國內自有品牌經營成效漸佳，加上中國布局策略見效，隱形眼鏡可望繼血糖試紙／血糖計後，成為台灣醫材主要出口產品，其二〇一三年第二季出口值較第一季增加一三％，較二〇一二年同期成長二四％。

近年來，隨著中國消費能力不斷提高，對外觀的時尚感訴求加強，愈來愈多人選擇配戴隱形眼鏡，而且使用者年齡層有擴大的趨勢，由原先的十八歲到三十五歲，擴大至十五歲到四十九歲。

目前中國的近視人口約占總人數三成以上，預估需要視力矯正的人口超過三億人，但是現在隱形眼鏡滲透率僅約五％到六％左右，即使在中國的一線城市，滲透率也僅一二％左右，相較於美國及日本市場的二〇％及二五％明顯偏低。未來只要中國隱形眼鏡的整體滲透率能逐年成長到一〇％以上，後續衍生的商機就值得期待，對布局中國多時的台商有利。

隱形眼鏡大廠精華光（1565）以「帝康」為品牌行銷台灣，現階段也是全球最大的隱形眼鏡代工廠，近年來為了滿足來自日本、中國、國內市場訂單，積極擴充產能，二〇一三年八月新增四條生產線後，總產線達到四十四條，目前更持續擴廠中，每年獲利穩健，未來發展前景看好，後市值得鎖定。隱形眼鏡廠昕琦（4184）的代工客戶遍及全球，由於看好彩片與日本市場需求，近期也積極擴充產線。

中國隱形眼鏡龍頭F-金可（8406）旗下的海昌及海儷恩兩大品牌，在中國最大的眼鏡通路已躍居銷售第一，由於消費者的配戴習慣逐漸由長天期轉為短天期，營運持續加溫；也因為看好中國消費者衛生觀念進步，帶動隱形眼鏡護理液的使用量，金可也跨入護理液市場，為後續營運增加成長動能。隱形眼鏡護理液需求一旦增溫，供應隱形眼鏡護理液容器的永裕（1323），業績也有機會同步成長，後續也可列入追蹤。另外，持有金可一八％股權，獲利挹注可期的寶島科（5312），也值得留意。

跨足隱形眼鏡的科技業者目前多在測試市場階段，營收貢獻不大，先以題材視之即可。大立光（3008）透過轉投資星歐光學，採取代工及「星歐」品牌並進方式，跨入隱形眼鏡市場，目前在台灣鋪貨的通路門市總數已達一千個以上，後續將搶攻國際品牌大廠代工訂單；明基材（8215）也布局隱形眼鏡事業，推出自有品牌「美若康」，目前在國內各大眼鏡連鎖通路都有鋪貨；和碩（4938）及景碩（3189）也共同投資晶碩光學，主打自有品牌Pegavision，在兩岸持續布局通路；台灣光罩（2338）也轉投資昱嘉科技，投入隱形眼鏡代工製造，後續對業績的貢獻程度將是追蹤焦點。

1分鐘選股指南

隱形眼鏡概念股

隱形眼鏡廠／事業部	精華光（1565）、F–金可（8406）、昕琦（4184）、明基材（8215）
轉投資隱形眼鏡廠	寶島科（5312）、大立光（3008）、和碩（4938）、景碩（3189）、光罩（2338）
隱形眼鏡護理液包材	永裕（1323）

32 中國人口老化問題嚴重，哪些生技醫療股潛力無窮？

根據統計，二〇一五年中國六十歲以上人口數將達到二．二億人，占全國人口逾一四％；而在二〇三〇年之前，六十歲以上的老年人口將以每年四．七％的速度成長；預估到了二〇三〇年，六十歲以上的老年人口將達到四．四億人以上。

在人口逐漸老化的趨勢下，為了照顧民眾在醫療上的需求，中國政府帶頭推動醫藥衛生體制改革，這不僅造成醫療、藥品需求隨之提升，也帶動了醫療照護、健康檢查等一系列的商機。

我在《看懂新聞學會避開風險，精準命中投資標的》一書，曾初步提及醫療改革所帶來的機會，隨著中國政府自二〇〇九年開始推動醫療改革以來，中國官方針對城鎮與農村、職工與居民間，先後成立城鎮職工基本醫療保險、城鎮居民基本醫療保險、新型農村合作醫療（簡稱新農合）等，至今已有九六％的民眾擁有基礎的醫療保險，遠高於十多年前的一五%。未來在醫療改革被納入中國十二五規畫，不僅列為重點發展項目，並且制定產業發展策略下，發展前景值得關注。

目前中國國務院已規畫二〇一三至二〇一五年之間，生技產業產值每年平均成長將逾二〇%，若以此數值推估，中國生技產業相關產值可望倍增至四兆元人民幣；而在中國積極升級醫療設備下，根據中國衛生部統計，上萬家縣級醫院中，後續將有四到五成在未來兩到三年內將添購新設備，這也將帶動中國醫療設備市場，在未來持續成長二〇%。

台商由於具有較高的研發能力，在產業上具有一定競爭優勢，未來在中國醫療改革的發展上，也可望有一席之地。現階段已布局中國市場或與中國醫藥業者合作的台灣業者，後續營運都可望受惠。

杏輝（1734）子公司杭州天力，為中國安麗提供保健食品管花肉蓯蓉原料，出貨逐步增溫；杏昌（1788）目前規畫透過一〇〇%持股的子公司台昌，藉由與中國當地台商合作，發展呼吸治療、睡眠治療等市場，搶攻中國醫療升級契機；太醫（4126）所生產的各項自有品牌醫材，在中國品牌能見度日益增加，後續營運也值得列入追蹤；F-馬光（4139）與天津醫藥集團合資的子公司天藥馬光，近年來鎖定社區醫療體系，陸續取得醫保執照，開立社區醫院，擴大中國市場的布局。

中天集團旗下的中天（4128）、泉盛（4159）、合一（4743）等，日前與中國石藥集團簽署新藥合作意向書，雙方將結合中天集團的新藥研發技術，以及石藥集團在中國的全國性醫藥通路，聯手研發新藥，並進行臨床試驗、藥證取得及行銷，搶攻中國醫改帶來的新藥商機；原料藥的神隆（1789）與康聯策略聯盟，開發一系列抗腫瘤製劑進軍中國市場，另外也與上海桑迪亞醫藥簽定協議，合作搶攻新藥代客研發及生產商機；而F-康聯（4144）在中國布局完整，建立龐大的醫院網路，且主要代理的B型肝炎藥物「代丁」，在中國銷售表現亮眼，後續營運也值得追蹤。

新藥研發的基亞（3176）瞄準中國肝癌藥品市場，旗下肝癌新藥PI-88可望在二〇一五年陸續取得藥證，搶攻兩岸肝癌治療商機；健喬（4114）旗下子公司益得生技，取得中國國家食品藥品監督管理總局Duasma氣霧劑200 ug受理通知書，將循綠色通道，預計兩年內取得藥證，成為首個登錄中國的藥品，後續潛在商機也相當可觀；台微體（4152）旗下抗癌新藥Lipotecan，日前獲得中國國家食品藥品監督管理總局認可，進入特殊審批程序，縮短進入臨床試驗的審核期，在中國取得藥證的時程也加快。國光生（4142）也與中國中生公司結盟，將所生產的疫苗推向中國。

代理放射腫瘤設備的承業醫（4164），在中國市場的經營成效漸現，不僅在東南五省的

Elekta直線加速器陸續簽約，將於二〇一三到二〇一四年入帳外，也與中國湖南省郴州市第一人民醫院簽訂八年租賃管理合約，切入醫療設備租賃市場；中國醫療器材代理通路商F-合富（4745），在中國曾與四百多家醫院合作，目前在手合約尚有兩百多家醫院，以中國二、三級醫院與軍系醫院為主，現階段計畫合資入股中國代理商，藉以擴大醫院產品線，後續隨著中國各級醫院添購新設備，營運值得期待。

另外，切入中國市場的台灣生醫業者，還有雙美（4728）所生產的膠原蛋白注射液，已在中國拿到兩張藥證；盛弘（8403）與中國地產商卓達集團合作的天津養老護理中心，已開始營運，搶攻老人長照商機；佳醫（4104）也與中國第一大醫藥通路商國藥集團合作多時，而後續旗下的久裕（4173）也將藉由佳醫集團的資源，進軍中國市場，後續營運也有想像空間，未來效益也值得觀察。

1分鐘選股指南

搶攻中國市場的生技醫療股

藥品	中天（4128）、泉盛（4159）、合一（4743）、神隆（1789）、F-康聯（4144）、基亞（3176）健喬（4114）、台微體（4152）、國光生（4142）
醫材及其他	杏輝（1734）、杏昌（1788）、太醫（4126）、雙美（4728）、F-馬光（4139）、承業醫（4164）、F-合富（4745）、盛弘（8403）、佳醫（4104）、久裕（4173）

33 全球藥品市場產值突破一兆美元，如何挑選投資標的？

近年來，隨著愈來愈多國家推動醫改，對於藥品的需求增溫，藥品市場規模也隨之擴大。根據研究機構IMS Health統計與預估指出，二〇一一年全球藥品市場產值達九五五五億美元，未來五年內將逼近一．二兆美元，二〇二〇年更將成長至一．六兆美元，年複合成長率近五％，整體藥品市場穩健成長中。

全球積極推動醫療改革，帶動了藥品市場發展，只是由於各國財政預算有限，為了有效控制醫療支出、降低赤字，因此，不易大量採用昂貴的新藥，於是在政策的鼓勵下，藥價普遍只有原專利藥一成不到的「學名藥」市場，開始蓬勃發展。

所謂的學名藥是指，原藥廠的專利新藥在專利權到期後，其他藥廠可依原廠藥物申請專利時所公開的資訊，製造相同主成分的藥品，這就稱之為學名藥。依照規定，學名藥的劑型、主成分純度、含量都要完全相同（化學相等性），投藥在同一人時，主成分到達作用部位的量必須相當（生物可用率），產生的效用或副作用也要相同（生物相等性），所以學名藥看似容易，卻也有不少技術隱含其中。

根據Frost & Sullivan預估，全球學名藥市場規模將從二〇一〇年的一二三八億美元，成長到二〇一七年的二三一〇億美元，年複合成長率達九．三％，高於整體藥品市場的五％。

為什麼學名藥市場的成長率高於整體藥品市場？主因有二：首先是藥價較低，各國政策上多鼓勵使用學名藥；其次是到期的專利權藥愈來愈多，根據統計，近五年到期專利藥的市場規模近兩千億美元，後續學名藥廠能發揮的空間也愈來愈大。

全球前兩大市場——美國及歐盟，學名藥使用比例分別高達七〇％和六五％。一九八四年美國通過Hatch-Waxman法案，只要能證明學名藥與原專利藥的生物可用率和生物相等性相同即可，不需經過臨床試驗，以加快藥品上市腳步，成為學名藥市場的重要推手，而目前學名藥的使用比例仍在持續提升中。

至於過去學名藥使用比例偏低的日本，近年也在財政壓力下，提高學名藥的使用比例，由二〇一〇年的二三％，逐步往三〇％提升，這都帶動了學名藥的市場規模成長，對於國內的學名藥廠有利，像中化（1701）、生達（1720）、杏輝（1734）、南光（1752）、永信控（3705）、東洋（4105）、濟生（4111）、健喬（4114）、友華（4120）、晟德（4123）、健亞

（4130）等。

由於藥價較低，所以多數學名藥廠必須以規模經濟取勝，部分學名藥業者於是在原廠專利到期前，以申請專利無效或迴避專利的模式來申請特殊學名藥，此稱為「第四類藥品審查規範」（Paragraph IV，P4）。

由於第一家根據P4規定進行「簡易新藥申請」（ANDA），並通過美國食品藥物管理局（FDA）審核的特殊學名藥，可享有一百八十天的獨占銷售權，並且平均藥價可達專利藥的七〇%以上，對於藥價較有保護作用，因此，這類特殊學名藥廠的想像空間更大。像安成藥（4180）、法德藥（4191）、美時（1795），以及近期跨入的中化生（1762），後續發展就值得追蹤。

隨著學名藥市場興起，對於原料藥的應用也會增加。原料藥產品包括中間體和原料藥等，皆是最終藥品製劑的上游原料，也是藥品中具有醫療效用的基本成分。通常在一般藥品中，原料藥所占的比例不高，卻是最重要的成分，而要成為一般人體能夠使用的藥物，往往必須與一些不具藥效的賦型劑、色料混合成型，成為膠囊、藥錠、針劑等形式，以達成讓人體吸收的目的；而不論專利新藥或學名藥，都需要用到原料藥。

目前全球原料藥市場產值已超過一千億美元，大約占全部製藥業產值之一五%，其中一部分為製藥廠自行製造，一部分則是委由專業代工廠製造。後續隨著藥品市場成長，以及二〇一四年前大量專利藥到期，市場規模也會成長，預估到二〇一四年，市場產值將會成長將近一四〇〇億美元，年複合成長率約七．一％。其中台灣的原料藥廠像神隆（1789）、旭富（4119）、中化生（1762）、台耀（4746）、生泰（1777）、永日（4102）、永光（1711）等，營運都可望受惠，其中神隆已進行垂直整合，走向製劑，並積極進軍中國市場，後續最值得留意。

1分鐘選股指南

學名藥及原料藥相關股一覽

學名藥	中化（1701）、生達（1720）、杏輝（1734）、南光（1752）、永信控（3705）、東洋（4105）、濟生（4111）、健喬（4114）、友華（4120）、晟德（4123）、健亞（4130）
特殊學名藥	安成藥（4180）、法德藥（4191）、美時（1795）、中化生（1762）
原料藥	神隆（1789）、旭富（4119）、中化生（1762）、台耀（4746）、生泰（1777）、永日（4102）、永光（1711）

34 傳染病疫情發燒，防疫概念股成焦點，哪些廠商可望受惠？

傳染病一直困擾著人類的生活，經常耳聞的包括流行性感冒、痲疹、禽流感、SARS、腸病毒、登革熱等。其中有些傳染病病原，會以動物為病媒來傳播，如登革熱以埃及斑蚊、白線斑蚊為病媒，禽流感則透過鳥禽等為病媒；有的傳染病病原則無須透過動物，在人與人之間就能直接傳染，像愛滋病多以體液傳染，感冒多以飛沫傳染……等。

在《看懂新聞學會避開風險，精準命中投資標的》中曾初步提及防疫概念，現代社會就算科學再發達，仍有許多傳染病難以克服，尤其在環境加速改變之下，病毒變異的機率也加快；為此，許多科學家積極投入傳染病的研究，由找出疫情產生的原因，進而尋求治療該傳染病的方式，以及防範疫情擴大的方法。

隨著新型態傳染病持續出現，人們對抗傳染病的動作也不曾停止，像是二〇〇三年SARS期間，當時的防疫方式為減少外出、配戴口罩，造成預防傳染擴大的口罩及防護衣概念股大漲；接著二〇〇九年，禽流感在亞洲爆發，防疫概念股又一度成為盤面焦點。整體來看，只要是傳染病的疫情加重時，防疫概念股就會重新吸引市場的目光，不僅營運會因為短期訂單湧入而成長，股價也容易有表現空間。

像清潔用品的毛寶（1732）、花仙子（1730）、美吾華（1731）、南僑（1702）、和桐（1714）、和益（1709）等，和桐為清潔劑原料製造一貫廠，包括洗手乳、沐浴乳、洗潔精等清潔用品都需向其購買原料，在疫情升溫下，營運成長可期；至於口罩、不織布等防護用品的恆大（1325）、康納香（9919）、新麗（9944）、美德醫（9103）等，後續在疫情擴大下，營運也有想像空間。

而在檢測儀器方面，由於多項傳染病都有發燒特徵，因此體溫計的需求也會增加，相關廠商熱映（3373）、百略（4103）、紅電醫（1799）、優盛（4121）、泰博（4736）等，業績也有機會成長。熱映為全球前兩大耳溫槍品牌大廠百靈、歐姆龍代工廠，後續在體溫計需求提升下，營運也會增溫。

另外，由於任何傳染病的感染，最終仍需回歸到加強人體免疫力，因此，近幾年保健食品也逐漸受到重視，像葡萄王（1707）、中天（4128）、杏輝（1734）等都值得關注。

近年來隨著台灣生醫產業提升，防疫族群也不再停留在技術門檻較低的清潔、防護用品上，開始朝疫苗領域發展。所謂疫苗是指由免疫抗原組成的藥品，可刺激人體的免疫系統，對疾病或感染源產生預防、改善及治療的效果。

以禽流感為例，由於存在著相當多的病毒變異，提高了致死率及感染率，治癒的難度也隨之增加，為此，許多國家都相當重視禽流感的疫情，許多業者也紛紛投入禽流感疫苗的研發。台灣過去疫苗多由國外進口，連研發能力也沒有，但是經過數十年政府及民間的努力，台灣陸續具備了各式疫苗的量產技術，也開始具有外銷的能力，相關業者如國光生（4142）、基亞（3176）以及強盛（1463）持股逾三一％的創意疫苗等，未來營運都有想像空間。

國光生所生產的季節型流感疫苗，已獲准在中國進行第三期人體臨床試驗，成為台製疫苗獲准的首例，並在廣西南寧開始人體臨床試驗相關工作，預計二〇一四年中可望獲得藥證。目前，國光生更與中國國藥集團旗下的中生公司簽定合作備忘錄，未來其在台灣生產並取得中國藥證的疫苗產品，將由中生代理；後續在研發中的腸病毒七一型疫苗、H7N9疫苗，也有機會在取得台灣藥證後，申請中國藥證，搶攻中國十三億人口的傳染病防疫商機。

基亞旗下持股五一％的子公司——基亞疫苗，已在竹北興建細胞培養疫苗廠，預計二〇一五年開始營運，後續進度也值得鎖定。另外，隨著疫苗用量增加，疫苗原料藥的需求也會提升，所謂疫苗原料藥指的是尚未配方調製的疫苗類活性成分，生產相關疫苗原料藥的神隆（1789）、中化生（1762）、生達（1720）等，營運也會受惠，股價上也將具有想像空間。

1分鐘選股指南

防疫概念股

清潔用品	毛寶（1732）、花仙子（1730）、美吾華（1731）、南僑（1702）、和桐（1714）、和益（1709）
防護用品	恆大（1325）、康納香（9919）、新麗（9944）、美德醫（9103）
體溫計	熱映（3373）、百略（4103）、紅電醫（1799）、優盛（4121）、泰博（4736）
健康食品	葡萄王（1707）、中天（4128）、杏輝（1734）
疫苗	國光生（4142）、基亞（3176）、強盛（1463）—持有創意疫苗32%股份
疫苗原料藥	神隆（1789）、中化生（1762）、生達（1720）

35 保健食品及長期照護商機激增，哪些業者跨入經營？

根據經建會的預估，二〇一二年台灣六十五歲以上老年人口為二六〇．二萬人，占總人口比例一一．二%，二〇二〇年前將會超越世界衛生組織所定義「高齡化社會」的一四%，並在二〇二五年突破二〇%，成為「超高齡社會」。

人口老化不僅帶動了藥品、醫療器材等的需求成長，也引發了更多元化的商機，保健食品及長期照護就是衍生的受惠族群。由於人們對於疾病預防更加重視，為了避免疾病發生時的高額醫療花費，愈來愈多人定期服用具有增加營養、促進健康及延緩老化等的保健食品。

根據Global Industry Analysts預估，全球保健食品市場規模將由二〇〇七年的一五五九億美元，成長至二〇一五年的二四三四億美元，年複合成長率為五．七%；而根據工研院ＩＴＩＳ計畫和IMS Health的統計，二〇一一年台灣保健食品市場規模約台幣八八三億元，預計未來將以近二位數的年成長率增加，到了二〇一五年可望達到台幣一二五〇億元的水準，發展前景看好，也讓許多業者紛紛跨入保健食品的領域，分食市場大餅。

目前台灣的保健食品以調節血脂（市占率三二％）、腸胃改善（市占率二六％）、免疫調節（市占率一四％）、護肝（市占率一一％）等四類最多，其餘為抗疲勞、牙齒保健、調節血糖、改善骨質疏鬆等。進一步觀察，其實多與人們的生活習慣改變有關。目前台灣的保健食品業者多投入各年齡層產品的開發，並且也針對本土和漢方特色的食品或原物料等進行研發，以瞄準後續商機，包括中天（4128）、景岳（3164）、立弘（1780）、加捷（4109）、天良（4127）、佳格（1227）、葡萄王（1707）、杏輝（1734）、大江（8436）等，都是相關業者。

由於保健食品售價較高，並有針對性考量，所以除了常見的店面銷售外，若是具有直銷體系或有特殊行銷管道的業者，對市場的擴張往往有正面助益。像葡萄王的產品，有七五％是銷售給旗下直銷子公司葡眾的九萬多名會員，而且還有實體通路、虛擬網路、電視購物通路等，後續營運看俏；天良旗下則擁有天良電視台，以及電子商務通路；杏輝與美國直銷大廠賀寶芙、安麗合作的保健食品銷售亮眼，後續業績也具想像空間。

由於老年人口罹患心血管疾病與慢性病的機率增加，加上少子化趨勢，照護人力嚴重不足，為了照護民眾的老年生活，各國也投入健康管理產業發展，除了前述的保健食品、預防醫學外，後續如何提供完善的醫療照護服務體系，也成為發展的方向。根據資策會

（MIC）研究指出，二〇一五年全球健康照護產業的產值將達五九七〇億美元，而台灣的健康照護產業產值也可達一八〇億美元的規模。

《看懂新聞學會避開風險，精準命中投資標的》曾提及，二〇〇七年政府提出「健康照護升值白金方案」行動計畫，在該項計畫中就核定了「我國長期照顧十年計畫」，規畫於十年內挹注逾八百億台幣的資金，建構有效的長期照護制度。

近年來，隨著全天候照護需求成長，健康照護服務逐漸受到重視，如台塑集團的「長庚養生文化村」、佳醫集團於汐止成立的「佳醫護理之家」、敏盛醫院旗下的養護中心與園區等，都是國內知名的長期照護業者；敏盛體系旗下的盛弘（8403）已成立長照事業部門，將原屬敏盛醫療體系的長照部門納入經營管理，再加上與中國卓達集團合作的天津養老護理中心，目前兩岸合計已有一千一百餘個床位，並且已規畫每年都要增加長照床位，中長期營運效益值得追蹤。

隨著網路發達，可行性提升，市場對於遠距健康照護系統的接受度也提高，先前連Google、微軟、英特爾都投入遠距醫療領域發展，而由於工業電腦業者具有優異的平台整合及設計代工能力，近幾年也紛紛跨入醫療領域。

與醫療照護較為相關的業者，包括推出阿春眼動看護系統及智慧看護系統的由田

（3455）、推出超薄型智慧床邊醫療照護電腦的安勤（3479）、推出老人照護機的振樺電（8114）等。另外，由於長期照護商機看俏，目前像中興保全（9917）及新光保全（9925）等保全業者，也利用既有人員及資訊系統，開始拓展居家遠距照護市場，未來發展也值得追蹤。

1分鐘選股指南

人口老化概念股

保健食品	中天（4128）、景岳（3164）、立弘（1780）、加捷（4109）、天良（4127）、佳格（1227）、葡萄王（1707）、杏輝（1734）、大江（8436）
長期照護	盛弘（8403）、由田（3455）、安勤（3479）、振樺電（8114）
跨入遠距照護	中興保全（9917）、新光保全（9925）

36 高風險高報酬的新藥研發產業，投資人如何掌握新藥財？

在生技醫療領域中，新藥研發一直是一項存在高風險、卻又潛藏高報酬的產業。通常一款新藥所需投入的研發費用至少要三到六億美元，若時間拉長，投入的費用更可能上看十億美元，而所花費的時間也相當冗長，平均開發期近十年。

在《看懂新聞2：剖析關鍵數字，聰明掌握進出場時機》中，曾初步說明美國食品藥物管理局（FDA）對於新藥上市的審核進程；新藥研發一旦成功，就有豐碩的獲利，但是若開發進度不如預期，就必須增資，而且失敗可能性極高。以國際知名藥廠輝瑞、默克、諾華、羅氏等來看，每年研發費用都超過八十億美元。

一款新藥由研發到正式上市，要經過八道流程——一、藥物探索與開發：尋找新藥成分，發現候選藥物；二、臨床前試驗：以動物實驗、毒理藥理試驗，找到安全配方；三、臨床試驗審查：申請進入與進行臨床試驗；四、臨床一期：決定安全性及使用劑量；五、臨床二期：評估有效性並監視副作用；六、臨床三期：確認有效性並觀察長期反應；七、申請新藥上市：登記審核並取得藥證；八、臨床四期：進行上市後的觀察與監控。

在前述過程中，光是通過第一道「藥物探索與開發」流程的機率，就僅有二．五％到五％，而後續每道流程的通過機率也很有限，可見由取得藥證到正式上市，是一項漫長又艱辛的過程。即使如此，還有這麼多藥廠願意投入，就是著眼於後續的可觀利潤。通常一顆新藥研發成功，就有長達二十年的專利權保護，該藥廠可在此二十年間，獨家銷售該款新藥，賺取可觀利潤，一方面回收先前投入的研發費用，一方面也為未來研發新藥預備資金。

以輝瑞旗下的降膽固醇藥Lipitor為例，一九九七年上市以來，就為輝瑞帶來逾千億美元的營收；而以全球前十大暢銷藥來看，年銷售額平均都有六十億美元以上，等於只要選題正確、能夠開發成功，要達到十倍以上的潛在報酬率並不難。

根據摩根士丹利的估計，一款新藥的平均開發價值，在臨床前試驗約〇．二四億美元；一進入臨床實驗則提升到一．〇四億美元；若是進入三期，臨床價值將會增加至四．三六億美元；若能達到申請上市階段，又會提升至一〇．〇八億美元；一旦正式進入上市階段，身價更將來到一五．九四億美元，等於價值大增六十六倍，這正是新藥研發的迷人之處。即使近年新藥研發費用逐漸增加，而且通過ＦＤＡ審核的數量逐步減少，各藥廠仍然願意持續投入大筆資金研發。

台灣的新藥研發業者，由於經營規模不大，並且沒有大型藥廠的醫療通路做後盾，為求生存，一部分業者鎖定亞洲人特有疾病的市場，如肝癌等進行新藥研發；另一部分業者則以經營策略取勝，不完全執行新藥研發的繁瑣流程，只選擇其中一段開發流程來進行。

像台灣醣聯（4168）就在臨床試驗前，把手上治療大腸癌的GNX8授權給日本大塚製藥，換取里程碑金及上市後平均銷售權利金，供研發經費之用；而智擎（4162）則以NRDO策略（不研發、只開發），與國際醫學中心等合作，引進臨床前或臨床第一期的新藥，並進行至臨床後期試驗階段，尋求對外授權。

現階段台灣尚未有新藥成功上市的經驗，不過已有三款新藥進入申請上市的階段，也有數款新藥進入臨床三期，後續進度值得列入鎖定，一旦進度有明顯進展，愈接近上市，股價愈有機會大漲表態。

寶齡（1760）的腎臟病新藥Nephoxil（Zerenex）已完成台灣三期臨床試驗，並完成新藥上市許可（NDA）的上市申請，預計二〇一三年底或二〇一四年核准；基亞（3176）旗下PI-88抗肝癌新藥已進入兩岸三期臨床試驗，預計二〇一五年取得藥證；智擎與美國藥廠Merrimack合作的胰臟癌新藥PEP02（MM-398）已進入三期臨床試驗，預計二〇一四年底取得藥證；浩鼎（4174）旗下的乳癌免疫標靶治療藥OBI-822/821於各國陸續進入三期臨床，預計二〇一四年第一季收案，二〇一六年在台上市；F-太景（4157）的抗感染藥物奈諾沙星，已申請兩岸NDA，預計二〇一四年上半年取得藥證。

近年來，全球藥廠考量研發投入及回收時程，除了新成分新藥外，也投入新劑型、新增適應症、組合型藥品等，也就是FDA定位的505（b）二類新藥，以及進入門檻較高的特殊學名藥的研發。台微體（4152）研發的「安畢黴」（AmBiL），是Gilead抗黴菌用藥AmBisome的學名藥，已授權韓國SCD公司，二〇一四年可望取得韓國藥證，後續進度也值得追蹤。

1分鐘選股指南

新藥研發指標股

2014年底前可望取得藥證	寶齡（1760）、智擎（4162）、台微體（4152）、F-太景（4157）
2015年之後可望取得藥證	基亞（3176）、浩鼎（4174）

37 生技醫療產業熱，大廠紛紛搶進，哪些業者具相關概念？

近年來，由於人口逐漸高齡化，對於藥品、醫療器材的需求持續增加，加上各國政府積極推動醫改，以政策扶植生技醫療業的結果，市場紛紛把生技醫療產業，視為下一波明星產業！

基於看好生醫的未來發展性，許多上市櫃公司近幾年更是陸續卡位，藉由旗下創投、轉投資，或是成立新部門、新公司的方式，來跨足生技產業，從新藥研發、醫療器材、醫學美容、醫療機器、保健食品、農業生技等，都成為熱門的投資項目。尤其是近期產業競爭愈趨激烈的科技廠商，為了尋求新的成長契機，或是營運的轉機，更有多家大廠跨入相關領域。

科技大廠鴻海（2317）日前就宣布將整合日本、台灣、中國三地的顯示技術資源，與學界配合開發先進醫療產品；光寶科（2301）也跨足生化領域，由子公司建興電推出首款自有品牌——skyla寵物專用生化分析儀，後續也將推出血液分析儀及快速檢測試片，搶攻動物醫療市場；設備廠揚博（2493）所生產的血液分析儀已陸續出貨；無塵室設備的漢唐（2404）也跨入紅外線熱影像診斷系統、激光雷射治療機、非接觸式乾眼症檢測儀；再生晶圓的辛耘（3583）也切入高階化學質譜分析儀器，二〇一四年可望貢獻營收；觸控面板的勝華（2384）也推出由台灣菸酒代工生產的「牛樟芝養命酒」產品，跨入生技領域；被動元件的禾伸堂（3026）旗下的禾伸堂生技，獲得經濟部工業局審定為生技新藥公司，將以腸胃道疾病新藥為主。

電子材料通路商華立（3010）跨入生技領域，取得日商賦形劑產品線代理權，由於該產品主要應用於製藥領域的添加劑，目前已鎖定國內製藥業者；同屬電子材料通路商的崇越（5434）一〇〇%持股的子公司安永生技，由日本引進CAS細胞活存技術設備，投入冷凍食品領域，並且已與日本跟德國廠商接洽，計畫代理非健保的藥品與醫療器材，將朝區隔性的利基市場發展；無塵室與機電工程整合的聖暉（5536），布局生技產業已久，與台灣藥劑中心以及美國具FDA等級的製藥公司合作多時，對於製藥法規及製藥廠技術涉獵甚深，後續在各生技廠紛紛擴建、改裝及升級下，業績也具成長動能。

記憶體模組的威剛（3260）繼成立一〇〇%持股的冬蟲夏草／特用作物子公司「七彩光農業生技」之後，再成立「龍天農業生技」從事農作物栽培、花卉栽培，以及生物技術服務等業務；被動元件的立隆電（2472）所生產的電容器，已獲中國最大醫療設備廠——邁瑞認證，可望搶攻血液分析儀等醫療設備龐大商機；雷虎（8033）旗下醫療器材事業的子公司雷虎生技，與全球牙醫通路器材商——漢瑞祥集團旗下英商B. A.合作，積極搶攻全球牙材市場；宇隆（2233）也跨足醫療產品領域，目前已是全球糖尿病胰島素注射筆領導廠商——諾和諾德的金屬零組件供應商。

組裝代工的緯創（3231）也宣布成立醫療事業群，跨入非侵入式醫療設備，目前與合作夥伴已研發出肝病及乳突病毒檢驗器；上銀（2049）目前持續與各大醫院及大學合作開發醫療用機器人；正凌（8147）也跨入手術醫療市場，生產心導管上圓型連接器、電子脈衝止痛裝置等產品；紡織的福大（4402）也投入生技醫材領域，生產醫療用的中空纖維膜，搶攻洗腎血液透析器中空膜耗材市場等。只是由於這一類跨入生醫產業的企業，目前來自生醫的業績貢獻仍然有限，後續效益仍需觀察。

反之，部分老牌的上市櫃公司，由於旗下轉投資的生醫公司已登錄興櫃，甚至已經上市櫃，不僅流動性較佳，且資本市場所賦予的期待已呈現在股價上，因此，潛在利益也能被估計，後續一旦處分持股來實現獲利時，入帳金額可期，值得列入追蹤。像是紙業的永豐餘（1907）轉投資國內化合物新藥（NCE）研發的F-太景（4157），泛集團持股比例逾三五％；成衣代工的年興（1451），對蛋白質新藥的永昕（4726）持股比例逾一二％；無塵室工程的亞翔（6139），對玻尿酸的科妍（1786）持股比例則逾七％。

混凝土的國產（2504），對於新藥研發的寶齡（1760）持股比例近九％；安全監控的云辰（2390）對新藥研發的基亞（3176），持股比例同樣超過九％。另外，還有像永光（1711）轉投資原料藥的台耀（4746）；統一（1216）及南紡（1440）轉投資原料藥的神隆（1789），以及潤泰集團的潤泰全（2915）及潤泰新（9945）等也投資多家生技公司，這類個股後續在生醫產業加溫下，股價也可望有表現空間，後市值得期待。

1分鐘選股指南

跨入生醫領域的相關公司

新公司／新部門／新產品	鴻海（2317）、光寶科（2301）、揚博（2493）、漢唐（2404）、辛耘（3583）、勝華（2384）、華立（3010）、禾伸堂（3026）、立隆電（2472）、崇越（5434）、聖暉（5536）、威剛（3260）、雷虎（8033）、宇隆（2233）、緯創（3231）、上銀（2049）、正淩（8147）、福大（4402）
持有上市櫃／興櫃生技公司股票	永豐餘（1907）、年興（1451）、亞翔（6139）、國產（2504）、云辰（2390）、永光（1711）、統一（1216）、南紡（1440）、潤泰全（2915）、潤泰新（9945）

38 三大動能推動醫療器材市場穩健成長，怎樣布局最有利？

所謂的醫療器材（以下簡稱醫材），包括醫療的儀器、裝置、器械、材料、植入物、體外檢驗試劑或其他物件，以達成疾病的診斷、預防、監護、減緩、治療等功能。根據Business Monitor International的研究數據，二〇一二年全球醫療器材市場規模為三〇四六億美元，二〇一六年將達到三九八三億美元。

若以醫材的產業鏈來分，可分為上游的各類材料及零件供應商，如生產沖壓零組件及複合材料等業者，目前台廠在零組件的供應上，多與歐美廠商合作密切；第二是中游的製造商，如生產醫療檢測與監護器材、光學醫療器材、醫療耗材、特殊性醫療材料、醫療器具、人體植入物、衛生用品及跑步機等，目前台灣以隱形眼鏡、血糖監測等產品，為主要出口項目；最後是下游的代理銷售及通路商，主要依照產品屬性，將不同性質的產品分別銷售至醫院、診所、藥房等通路。

目前推動醫材市場成長有三項主要動能，首先是隨著醫療保健觀念提升，人們對於健康愈來愈注重，帶動了居家醫材的需求增加。居家醫材不再只是輪椅、代步車而已，如血壓計、體溫計、血糖計等，已更加受到人們的重視。使用者可以簡便、自助的方式檢測部分生理數據，像睡眠呼吸中止監測、心電圖計、心律監測、血糖監測等，作為預防疾病的參考。

未來隨著雲端服務逐漸成熟，結合資通訊技術的居家醫材產品將能透過雲端整合，建構起完整的健康管理系統，有助於疾病的預防及追蹤，並且推升了醫材市場成長，像血糖計的五鼎（1733）、泰博（4736）、華廣（4737）、訊映（4155），體溫計及血壓計的熱映（3373）、紅電醫（1799）、百略（4103）、合世（1781）、優盛（4121），雲端醫療系統的商之器（8409）等，業績皆有機會穩健成長，其中泰博引進美國百年品牌大廠入股，雙方已經簽署合作備忘錄，後續較具想像空間。

在人口高齡化後，由於人體功能逐步退化，所衍生的生理衰退商機，包含以骨科彌補物、牙科植入物回復生理功能，或是透過助聽器、行動輔具等醫材產品來輔助身體運作，這也是推動醫材市場成長的動能。像聯合骨科（4129）即為符合美國FDA、歐盟CE認證的人工關節製造商；柏登（4177）則是主攻眼部組織修復與再生，並擴及牙科、骨科、整形外科等領域；必翔（1729）則是生產電動代步車、輪椅車等；鐿鈦（4163）則推出自有品牌的骨科及牙科產品，骨科產品以脊椎固定器、椎弓骨股螺釘為主，牙科產品則以人工植牙植體為主，未來效益也可觀察。

第三大動能則是以中國為首的新興市場，由於政府積極推動醫療改革，尤其是中國十二五計畫中，定調要加強公共衛生服務體系建設，因此各地鄉鎮衛生院所缺少標準配置的情形逐漸改善，基層醫院對於醫療設備如X光機、超音波與心電圖計等的採購需求增加，而為提升醫療水平，高階醫院也開始增加如電腦斷層、核磁共振、其他電子診斷儀器等設備，帶動了醫療設備及基礎醫材的成長。

國內最大放射腫瘤設備代理商承業（4164），二〇一三年下半年起已開始在中國正式銷售腫瘤直線加速器，陸續打入中國各級醫院，後續與加拿大外科手術領導廠商Novadaq簽訂大中華區的代理權，營運可望加溫；承業轉投資的環瑞醫（4198）旗下Swissray品牌X光機，已進軍中國市場，並取得Novadaq透視手術儀器的亞太九國代理權，後續業績也會提升；F-合富（4745）以檢驗試劑及放射腫瘤設備代理銷售，站穩中國市場之後，已與陸資醫材通路廠合資，進行垂直分工，未來發展也有想像空間。另外，醫材通路商的杏昌（1788）以代理洗腎機設備為主，也布局中國市場多時，後續也可觀察。

另外，目前政府規畫將「須經臨床試驗始得核准的第二級醫材」，納入租稅獎勵擴大範圍，讓相關業者能夠享受五年免稅、研發及人才培育經費享受租稅抵減優惠等，這等於將生技新藥產業發展適用範圍放寬，可望刺激受惠次產業的發展，包括前述的血糖機、骨材、骨填充材料、牙科植入物，以及其他單元所提到的隱形眼鏡等業者，還有醫療耗材的太醫（4126）、雃博（4106）、邦特（4107）等業者，隨著該項法案未來順利通過三讀，後續相關業者的產值都會增加，股價也會隨著業績的上揚而走高，值得列入中長期追蹤。

1分鐘選股指南

醫療器材概念股

血糖計	五鼎（1733）、泰博（4736）、華廣（4737）、訊映（4155）
體溫計及血壓計	熱映（3373）、紅電醫（1799）、百略（4103）、合世（1781）、優盛（4121）
雲端醫療系統	商之器（8409）
生理退化商機	聯合骨科（4129）、柏登（4177）、必翔（1729）、鐿鈦（4163）
添購設備商機	承業（4164）、環瑞醫（4198）、F–合富（4745）、杏昌（1788）
醫療耗材	太醫（4126）、雃博（4106）、邦特（4107）

第3章

一次透析
12個事件後續效應

39 國際品牌大廠展開機海戰術，哪些業者可望從中受惠？

「宏達電採機海戰術突圍！」「華碩機海戰術，平板連環發！」「三星中低階機海戰術，台系驅動ＩＣ廠相繼入圍！」「鴻海聯手美商手機廠，機海戰術攻大中華市場！」科技產業新聞中經常提到「機海戰術」，究竟什麼是機海戰術？機海戰術的優缺點為何？哪些廠商有機會受惠？這些都關係到投資人的決策。

「機海戰術」簡單來說，就是在短時間內推出大量的新機種，藉由各個機種之間不同的尺寸、功能、規格、軟體、定位以及訴求，推出符合目標客群的客製化產品（或服務），以滿足不同地區、不同層面的消費者需求，提升銷售表現。這種策略無所不包，並且不求百發百中，但只要其中幾項產品符合消費者的口味，取得消費者認同，馬上就能成為暢銷機種。這種做法，可以防止僅推出一款旗艦機種，結果消費者不認同，導致銷售大幅衰退的情形。

以南韓大廠三星為例，旗下智慧型手機及平板電腦種類繁多，光是Galaxy系列產品就逾三十種，各項尺寸及功能一應俱全，一方面滿足了消費者的需求，一方面也對競爭對手形成莫大的壓力，這就是科技業中運用「機海戰術」的案例。三星高層表示：「堅持為不同的客戶和不同的生活方式提供選擇」，即給了這項營運策略更清晰的定義。

台灣業者中，宏達電（2498）先前就曾以機海戰術在國際上拿下好成績，而近期全球代工大廠鴻海（2317）也運用機海戰術，不僅與北美商用投影機龍頭富可視（InFocus）合作推出手機，也與統一超（2912）合作，推出OPEN小將大電視、智慧型手機、平板電腦等，依照消費者的需求，推出一系列的產品來搶市。

機海戰術看似有助於產品銷售表現，卻也有其缺點。首先是資源分散，不論是研發、行銷等資源，都會因為推出不同機種而被分散，無法集中；而且持續推出新機，一旦無法刺激消費者購買，很可能發生旗下產品相互競爭的情形，若是競爭對手推出的單一旗艦機種獲得市場認同，就容易在市場上趨於下風，導致品牌辨識度愈來愈模糊，不利於後續的銷售。

持續推出新機種不僅考驗著企業本身的研發設計能力，且由於各機種客製化條件不同，相關零組件不易大量採購，結果常常導致製造成本過高，一旦無法轉嫁到售價，並且在市場上有一定的銷售成績，就會對營收及獲利產生明顯的衝擊，所以若未經評估就貿然實施機海戰術，對於企業不一定有正面效果。

再以三星為例，三星之所以能將機海戰術運用自如，主因在於三星垂直整合有成，透過布局關鍵零組件及半導體技術，讓多數零組件都來自旗下的事業體，這不僅能夠大幅降低生產成本，也讓三星能在產品設計時就把行銷策略考慮進去，能夠因應市場來迅速調整產品。若是其他業者沒有三星的垂直整合能力，一味學習機海戰術，卻忽略了成本控制（零組件成本過高）以及市場現況分析（消費者偏好），反而容易產生反效果。

運用機海戰術的科技大廠通常都是「先求量，後求利」，藉由推出多款新機種，吸引消費者目光，來測試市場接受度。而在先求量的過程中，能率先受惠的即是各科技大廠的主要供應鏈（組裝代工／零組件），一開始在備料拉貨階段就能對業績有所助益，是優先鎖定的族群。像蘋果供應鏈在蘋果推出新機種時，營運即可望受惠；三星由於多數零組件採取自製，台灣業者多與其競爭，受益的程度較低，少數受惠者在本章第四十一篇中有進一步分析；全球個人電腦龍頭聯想，近年也積極轉型，朝向行動裝置發展。

至於中國火紅的小米機，內部眾多零組件都與台灣供應鏈業者有關，像組裝代工的英業達（2356）旗下英華達與鴻海集團的富智康（2038）、觸控模組的勝華（2384）與F-TPK（3673）、PCB的欣興（3037）及華通（2313）、相機模組的光寶科（2301）、光學鏡頭的大立光（3008）、軟板的F-臻鼎（4958）、手機晶片的聯發科（2454）等，後續只要這些國際大廠採用機海戰術，頻頻推出新機種，相關業者的營運初期都可望受惠，至於能否持續下去，就要觀察這些新機種實際的銷售情形而定。

1分鐘選股指南

機海戰術受惠股

小米機供應鏈	
組裝代工	英業達（2356）、富智康（2038）
觸控模組	勝華（2384）、F-TPK（3673）
PCB	欣興（3037）、華通（2313）
相機模組	光寶科（2301）
光學鏡頭	大立光（3008）
軟板	F-臻鼎（4958）
手機晶片	聯發科（2454）

◎三星供應鏈請參閱本章第41篇分析。

40 全球委外商機持續增溫，哪些代工大廠有機會獲利？

「看好中小企業資訊委外商機！」「日系太陽能廠委外商機現！」「日震釋出封測委外商機！」「歐洲車廠零組件委外商機持續釋出！」「低價智慧型手機大量委外商機可期！」「各大廠積極搶占中國ＩＴ委外商機！」

從以上這些新聞標題可以看出，「委外商機」乃是一個在產業全球化過程中，愈來愈常在媒體報導中出現的名詞。

「委外」的定義相當廣泛，簡單來說，是指企業將一部分的工作或服務的執行，委託由第三者來負責完成，不再由原企業本身或企業員工來經手，原企業僅負責審核即可。

那麼，為什麼企業要採取「委外」策略？這通常與降低成本有關。舉例來說，Ａ公司的一項產品，若全部自行生產，不假手他人，每單位產品生產出來約五美元；但是若交由專業代工廠進行製造，每單位產品生產出來僅要三美元，這時為了節省成本，獲取更高的利潤，多數企業都會選擇將產品交由專業代工廠進行製造，而這個交由專業代工廠進行製造，背後所衍生的相關商機，就稱之為「委外商機」。

隨著全球化時代來臨，各產業之間競爭愈趨激烈，過去許多國際品牌大廠都有自己的製造廠，以因應訂單需求；但是在各大代工廠互相競爭，藉由壓低代工價格取得訂單下，各大企業紛紛發現將產品外包給專業代工廠製造，而自身專注於研發及行銷，遠比自行設廠營運更能獲得巨大利潤，於是陸續將訂單下給專業代工廠。於是，從傳統產業到電子業，國內代工廠商開始陸續接獲全球業者的訂單，更一度造就了當年台灣電子代工王國的美名。

晶圓代工大廠台積電（2330）即是不自行從事設計，純粹接受全球ＩＣ設計大廠委託製造晶片，省去各大ＩＣ設計廠自行興建及經營晶圓廠的時間，讓ＩＣ設計業者能專注於晶片的研發上，不用負擔興建一座晶圓廠動輒數十億美元的成本，透過與台積電的合作，就能生產出相關產品。

筆電代工大廠廣達（2382）也是不推出自有品牌的筆電，專注於替各大筆電品牌代工生產，賺取代工利潤的企業；紡織大廠年興（1451）替全球知名牛仔服飾品牌LEVI'S、Lee、EDWIN等代工相關服飾；成衣廠儒鴻（1476）替知名瑜伽服飾品牌Lululemon代工相關服飾；運動鞋代工大廠豐泰（9910）也替知名運動品牌Nike代工球鞋等商品，這些都是台灣代工業者拿下委外商機的案例。

各大科技品牌廠為了爭奪電子產品的市占率，多數採取殺價競爭的策略，產品終端售價愈來愈低，許多大廠在成本考量以及避免虧損下，將產品委託給代工業者生產；而這些代工業者由於早年在中國、東南亞等生產成本較低廉的國家設廠，或是承接各大廠代工訂單，已具有規模經濟效益，所以整體製造成本較低，像筆電、智慧型手機、數位相機、平板電腦、伺服器、遊戲機、LED、砷化鎵、IC晶圓製造、IC封測等產業都是如此。

近年來，委外代工也被各品牌大廠視為調節產能的一種方式。舉例來說，A公司旗下機台每個月能生產一百萬件X商品，而當市場狀況火熱，對X商品的需求大增，每個月可能需要兩百萬件X商品時，A公司就將超出自己產能以外的一百萬件商品訂單，交由代工廠B來生產；反之當市場狀況不佳，對X商品的需求大減，每個月可能僅需要八萬件X商品時，A公司就取消給代工廠B的訂單，全部的八萬件商品都由自己旗下的生產線來負責，以維持生產線的基本營運。

實務上，有的品牌廠會因為市況不佳，而把委外比重提高，擴大下單給代工廠；有的品牌廠則是會因市況不佳，把自製比重拉高，減少下單給代工廠，全視公司經營階層的策略而定。若為前者，則對代工廠有利，若為後者則不利於代工廠的後續營運。然而可確定的是，一旦景氣增溫，市場需求大增時，由於屆時擴充產能緩不濟急，A公司最迅速的獲利方式，即是將訂單下給相關代工廠，以爭取時效性，搶占市場先機，委外商機也就在此時出現。

以智慧型手機為例，像是替蘋果組裝代工的鴻海（2317）、和碩（4938），替索尼組裝代工的華冠（8101），替諾基亞組裝代工的華寶（8078），替小米機組裝代工的英業達（2356）等，這些在智慧型手機大賣時，後續可望拿下更多代工訂單，業績就可望受惠。

1分鐘選股指南

委外商機概念股

智慧型手機委外代工	鴻海（2317）、和碩（4938）、華冠（8101）、華寶（8078）、佳世達（2352、英業達（2356）
筆電委外代工	廣達（2382）、仁寶（2324）、緯創（3231）、英業達（2356）、和碩（4938）
伺服器委外代工	英業達（2356）、神達控（3706）、緯創（3231）、廣達（2382）
晶圓委外代工	台積電（2330）、聯電（2303）、世界（5347）
DRAM（模組）代工	華亞科（3474）、品安（8088）

41 成也三星、敗也三星，誰能隨著三星電子崛起出頭天？

近年來，智慧型手機及平板電腦興起，根據市場研究機構ＩＤＣ的預測，在新興市場需求強勁、電信業者的補貼促銷、科技大廠頻推新機，以及兩百美元的平價智慧型手機崛起下，二〇一三年全球智慧型手機出貨量就會突破十億支大關；而根據資策會產業情報研究所（ＭＩＣ）報告指出，今年全球平板電腦出貨量約為二・二三億台，其中七吋低價平板電腦的熱賣，帶動出貨大增是成長主因，平板電腦市場也百花爭鳴。

在這兩大消費電子產品中，不得不提的就是南韓的三星電子，目前全球智慧型手機銷售市占率達三〇％以上，而全球平板電腦銷售市占率也逼近二〇％，是全球最重要的科技品牌大廠。

三星電子二〇一二年年營收約一八七七億美元，淨利約二一三億美元，目前也是韓國股市權重占比最大的成分股。三星電子旗下包含半導體、行動通訊、數位影像、電信系統、

ＩＴ解決方案及數位應用等多個事業體，旗下產品包括DRAM、NAND Flash、微控制器、影像感測器、面板等零組件，也有自有品牌的智慧型手機、電視、數位相機、電冰箱、洗衣機、冷氣機、真空吸塵器等家電，業務分布範圍廣泛，具有很強的互補性，並且近年也投入Tizen OS作業系統的研發，希望能切入更多應用平台。另外，三星也陸續發表智慧手錶Galaxy Gear，並規畫推出可彎曲螢幕的智慧型手機，持續追求產品創新。

以三星的智慧型手機為例，當中就有逾六〇％的自製零組件，多為價格昂貴的核心元件，如ＣＰＵ、觸控面板等，讓三星能利用垂直整合，控管生產成本，進而讓研發部門能維持技術領先，並且也願意花高額的行銷費用，將旗下產品推廣至全球。以二〇一二年為例，三星的行銷費用就高達四億美元，高於蘋果的三．三三億美元，更高於宏達電的四六〇〇萬美元，手筆之大可見一斑；因此，三星不像蘋果由零組件到組裝代工皆與台廠關係密切，反而一方面能下訂單給台灣廠商，壓低台灣業者的毛利，降低自己的成本，一方面也能推出自製產品，以自有品牌與台廠競爭，許多台廠都視之為可畏的對手，如台積電、鴻海等一直設法與三星對抗。

只是挾著二〇一二年智慧型手機二一．三億支的出貨量，占同年全球七億支出貨量中逾三成的優異成績，能打入三星供應鏈的台灣企業，後續業績也不容小覷；反之，當三星拉高自製比重，將給台廠的訂單抽回時，相關廠商的業績就會受到衝擊。像原本獨家代工三星4G LTE基頻晶片的創意（3443），受到三星轉單高通影響，業績一度出現衰退；而像三星Galaxy S4的內嵌式記憶體（eMMC）控制IC改用三星自家產品，智原（3035）的業績就受到衝擊。不過由於三星S4延伸機種中，部分中低價款機種也需要相關晶片及零組件，所以訂單又慢慢回到台灣業者手中。

三星供應鏈中，環境光感測IC的凌耀（3582）打入多款三星Galaxy高階智慧型手機供應鏈，負責提供環境光源感測（ALS）+距離感測（PS）+LED三合一晶片給三星，近期隨著高階機種市場成長趨緩，也開始切入成本較低的此類產品，往中低階機種市場發展，營運與三星手機銷售呈現正相關，值得列入追蹤；同屬環境光感測IC的敦南（5305）也成功切入三星的Galaxy供應鏈，一旦三星銷售加溫，業績也具想像空間；而三星擴大智慧型手機低價零組件委外訂單，奕力（3598）及矽創（8016）的WVGA規格LCD驅動IC，傳出打入三星智慧型手機供應鏈，業績也值得追蹤。另外，IC設計的聯發科（2454）則在四核心智慧型手機晶片上銷售表現佳，市場預估二〇一四年下半年可望打入三星供應鏈，後續發展也值得留意。

三星推出主動有機發光二極體（AMOLED）螢幕新款手機，擴大下單OLED觸控感測器給和鑫（3049），後續拉貨力道值得留意；東浦（3290）旗下的嘉鎂光電已通過三星認證，開始出貨三星平板電腦用的表面玻璃，主要以七吋及八吋為主；電子產品驗證服務的宜特（3289）旗下子公司陸續接獲三星產品測試訂單，營運動能也持續向上，後續業績看俏。

為了進一步提升市占率，三星電子也擴大向台灣廠商採購零組件，尤其是以供貨穩定、良率佳的蘋果供應鏈業者，像金屬機殼的可成（2474）、F-鎧勝（5264）、巨騰（9136），沖壓件廠谷崧（3607），軸承廠商新日興（3376）等，後續能否真正拿下三星行動裝置訂單，也值得追蹤。

1分鐘選股指南

三星電子概念股

環境光感測IC	凌耀（3582）、敦南（5305）
WVGA規格LCD驅動IC	奕力（3598）、矽創（8016）
內嵌式記憶體（eMMC）控制IC	智原（3035）
觸控感測器	和鑫（3049）
表面玻璃	東浦（3290）
電子產品驗證服務	宜特（3289）

42 智慧型手機高階低價化，中低階機種夯，何者值得看好？

智慧型手機熱賣，尤其幾款高階機種，挾著更人性、更創新的功能，一度讓市場趨之若鶩；只是近年來，隨著已開發國家中有逾半數的消費者已擁有智慧型手機，無論是三星、蘋果、HTC等知名品牌的旗艦機種銷售都不如預期，顯示高階且高價的手機市場，似乎慢慢趨於飽和，一線手機大廠難以再藉由一至二款高階機種來稱霸市場。因此，除了原本走高毛利路線的高階機種外，各大廠也開始推出延伸機種，改以「價格導向」來競爭，而值得一提的是，這些延伸機種的硬體配備都不差，也讓「高階低價化」的態勢愈來愈明顯。

目前全球已有超過十億人使用智慧型手機，其中有相當數量是來自於新興市場的手機用戶，這些用戶對於品牌的重視程度不如成熟市場的歐美國家，反而對於智慧型手機的性能價格比（C／P值）愈來愈注重，尤其是經過當年2G時代山寨手機洗禮的中國，更提供了中興、華為、聯想、小米等中國自有品牌手機廠商養分，讓他們能以C／P值更高的中低階機種切入智慧型手機市場。

以小米科技為例，二〇一三年發表的紅米機，就採用了聯發科四核心晶片，擁有八百萬畫素、一百三十萬畫素視訊鏡頭，1 GB RAM，四．七吋、解析度達1280×720、精細度達312 ppi的IPS面板等規格，售價卻只要七九九元人民幣（約四千元台幣），較市面上同等級手機便宜逾五〇%，對於中低階智慧型手機市場就產生了相當的破壞力。

小米科技以近乎成本的價格出售低價高效能手機，而以軟體加值服務等來尋求獲利的方式，確實帶動了出貨量。二〇一三年上半年小米出貨量約七百萬支，下半年在新機加持之下，全年出貨量上看兩千萬支，已與宏達電二〇一三年的全年出貨量相近，也讓許多智慧型手機業者往中低階市場靠攏。根據市調機構集邦科技預估，隨著手機零組件及硬體規格逐步標準化，各品牌智慧型手機產品區隔度逐漸降低，二〇一三年中低階智慧型手機比重將達五〇%，而到了二〇一四年更可望進一步攀升至七〇%以上水準，中低階產品對智慧型手機廠商的市占率影響愈來愈大。

根據Gartner預估，到二〇一七年為止，全球智慧型手機仍以新興市場成長力道最強，高階機種出貨量的年複合成長率預估為一九．九%，屆時將來到五．〇五億支；中低階機種出貨量的年複合成長率預估為三八．二%，屆時可望成長到八．三八億支。中低階智慧型手機熱，各大廠卯足全力推出相關產品，並以委外代工爲重要策略，台灣科技供應鏈的重要性也隨之提升，只要中低階智慧型手機銷售熱度能夠持續，相關供應鏈的業績就持續看好。

手機晶片大廠聯發科（2454）由於產品價格低廉，一直受到手機大廠青睞，市占率持續提升，目前愈來愈多品牌廠如索尼、LG、聯想、華為、小米、TCL都陸續使用聯發科的處理器，像前述的紅米機，就是搭載聯發科的MT6589T四核心處理器，而隨著聯發科產品線愈來愈多元，市場預期其雙核心與四核心產品，二〇一四年下半年有機會打進三星供應鏈；威盛（2388）旗下的CDMA晶片商威睿電通也打入多家中國中低階智慧型手機市場，後續也具想像空間；IC載板的景碩（3189）供應手機晶片廠（如聯發科）所需的晶片尺寸覆晶封裝（CSP）載板，在中國中低階智慧型手機晶片需求提升下，業績也會隨之增溫；IC封測的京元電（2449）及矽格（6257）隨著大客戶聯發科中國營運增溫，業績也不看淡。

中低階智慧型手機需求暢旺，中小尺寸面板驅動IC出貨成長，相關業者旭曜（3545）、聯詠（3034）、奕力（3598）、矽創（8016）等，業績可望受惠，而LCD驅動IC封測的頎邦（6147），營運也有機會增溫；而石英元件的晶技（3042）、希華（2484）在中低階智慧型手機帶動通訊晶片需求，間接提升相關晶片石英晶體及和石英震盪器的需求下，營運可望持續向上。另外，電感元件的美磊（3068）積極開發NFC晶片，目前已打入中國智慧型手機供應鏈，後續業績也看好。

代工索尼中低階智慧型手機的華冠（8101），隨著索尼品牌逐步獲得好評，市占率隨之提升，後續營運可望加溫；即將併入仁寶的華寶（8078）先前也拿下諾基亞智慧型手機代工訂單，在中低階智慧型手機委外代工趨勢下，也可望受惠；而英業達（2356）近年積極布局中國市場，旗下的英華達替小米科技代工小米機，隨著小米機熱賣，後續業績也可望成長。

1分鐘選股指南

中低階智慧型手機概念股

手機晶片	聯發科（2454）、威盛（2388）旗下的威睿電通
IC載板	景碩（3189）
IC封測	京元電（2449）、矽格（6257）
中小尺寸面板驅動IC	旭曜（3545）、聯詠（3034）、奕力（3598）、矽創（8016）
LCD驅動IC封測	頎邦（6147）
石英元件	晶技（3042）、希華（2484）
電感元件	美磊（3068）
手機組裝代工	華冠（8101）、華寶（8078）、英業達（2356）

43 未來景氣是好是壞，法說會說分明！投資人該如何因應？

「台積電打頭陣，法說會起跑！」「法說會行情來了，半導體下季不淡！」「法說會輪番上陣！景氣到底好不好？」「台股法說會登場，聚焦績優股！」

法說會，顧名思義即是法人說明會，各大上市、上櫃甚至興櫃公司為了讓專業投資機構，如外資、投信、自營商等大型投資人能夠更加了解公司的營運情況，因而舉辦這樣的活動，而通常由於法說會也開放媒體進場，故一般投資人也能藉由媒體報導，來得知相關公司的營運資訊，以進行投資研判。

法說會通常會在每個季度結束之後，下一月分的中下旬舉辦，第一季（一至三月）的法說會在四月舉辦，第二季（四至六月）的法說會在七月舉辦，第三季（七至九月）的法說會在十月舉辦，第四季（十至十二月）的法說會則在隔年一月舉辦。法說會上，公司的經營高層（董事長、總經理、財務長等）會就該公司過去一個季度的業績數字，以及下一個季度的營運展望做說明，檢視前一個季度的營收、毛利及EPS等各項成績單，以及預估下一季營收增減、毛利變化等未來展望，這些都是每個法說會參與者所關注的焦點。

一般而言，愈熱門的公司及營運規模愈大的企業所舉辦的法說會，通常會吸引愈多法人參加。以晶圓代工龍頭台積電（2330）為例，由於客戶遍及全球，包括高通、NVIDIA、MARVEL、XILINX、ALTERA、NXP、德儀等大廠，舉凡家電、通訊、行動／通訊裝置、電腦、汽車等領域都有應用到台積電所生產的晶片，所以藉由台積電高層在法說會上的後市看法，法人往往能進一步掌握每個電子次產業的景氣變化。像二〇一〇年台積電即看好智慧型手機及平板電腦的發展前景，大幅調高資本支出，投入研發先進製程，搶攻行動裝置市場商機，結果近年來最火紅的科技產品，即是一系列的行動裝置。

上一季的營運數字與法人先前預估值的落差，是法說會上的第一個焦點，由於參與的法人機構通常都有自己的研究部門，因此，往往會根據自身所預估的數字來進行投資決策。若是一家公司在法說會上所公布的上一季營運數字，優於法人預期時，則在法說會後，就容易有買盤進場，進而推升股價；反之，若是一家公司在法說會上所公布的上一季營運數字，低於法人預期時，則在法說會後，就容易有失望賣壓湧現，進而讓股價下跌。只是由於上一季營運已成為過去式，只要預估值及實際值不要落差太多（增減二成以上），通常對於股價的影響程度相對有限，屬於較短中期的波動，真正影響中長期股價的因素，仍是對未來營運的看法。

在法說會上，公司經營高層會根據目前的接單能見度、產業前景，及公司產能狀況，提出對於下一季的營運展望，這是第二個焦點；正如前述，由於法人機構的研究部門也會有自身對於該企業所預估的看法，若兩者對於下一季的看法出現落差時，法人就會調整先前的獲利預估值、評等以及目標價，而這些看法與評等的調整，也會影響到後續市場資金的變化，進而造成股價的波動。

舉例來說，在A公司法說會前，若是多數法人機構都預估A公司下一季的營收僅能持平或小幅成長五％，並且毛利率持平，結果A公司對外發布的營運展望是下一季營收可望成長一〇％至一五％，而毛利率有機會走揚時，就會讓先前偏於保守的法人機構修正看法，進而調高下一季的獲利預估值，並且調升評等以及目標價；反之，若是A公司對外發布的營運展望是下一季營收恐衰退五％至一〇％，並且毛利率可能下滑時，則先前法人機構的預估就顯得過度樂觀，後續必須下修，這也會讓一些失望性賣盤湧出，導致股價下跌。

經營高層預估的準確度也是觀察法說會的重點，有些企業的經營者對於景氣掌握度較高，也願意與法人分享對產業前景的看法，而最重要的是三個月之後，回頭來檢驗該企業所公布的實際數字與當時的預估值，常常相差無幾，這種預估準確度較高的公司，一旦業績也能繳出好成績時，往往會吸引法人的認同，進而推升股價；反之，有些企業對於景氣看法時常過度樂觀，每次舉辦法說會的預估值都無法達成，屢屢下修，這時該企業的誠信度就會遭到質疑，這一類的公司無論營運好壞，通常較難吸引法人認同，股價上也就容易受到壓抑，不宜輕易介入。

1分鐘選股指南

法說會效應應對策略

由於一般投資人不易事先掌握法人預估值，因此，關鍵在於法說會後的股價變化。

若是優於預期，且對於未來看法樂觀，則可擇機進場。

若是優於預期，但對於未來看法保守，則不宜介入。

若是不如預期，但對於未來看法樂觀，待股價修正之後進場。

若是不如預期，且對於未來看法保守，則不宜介入，積極者可逢高放空。

44 鬼月禁忌多，哪些企業業績將遭壓抑，哪些反能衝高營收？

農曆七月俗稱「鬼月」，被民間視為諸事不宜的月分，生活上有許多禁忌，許多民眾在消費上都會刻意避開這個月分，因此，如汽車、營建、觀光與百貨等產業，買氣往往都會受到影響；而被影響的買氣，一部分是提前進行消費，一部分則延後消費，所以通常鬼月之前，許多車商、建商都會舉辦促銷活動，先搶一波訂單，衝高營收再說；而在鬼月之後，先前觀望的買氣回籠，車商、建商的營收往往也會回溫，能把握高低基期的觀念，與股價做連結，就有機會找出投資契機。

在《看懂新聞2：剖析關鍵數字，聰明掌握進出場時機》中，我們曾提出企業「營運基期」的觀念，鬼月效應造成民眾消費提前或遞延，所以鬼月的前一個月通常業績表現亮眼，形成一個相對「高基期」，假設平時單月營收是三億元，則在鬼月前一個月，在業者積極促銷下，單月營收有可能來到四億元，較上月成長三三％！這時，股價就容易出現一波上漲。

接著，進入鬼月之後，由於買氣停滯，單月營收有可能只剩下二億元，若以此來與上個月的四億元做比較，等於是較上月大幅衰退了五〇%，這時股價就容易出現一波修正。而等到鬼月過後，由於買氣回升，業績可望回到三至四億元水準，這時鬼月的二億元就形成了一個「低基期」。相較於鬼月的低基期，鬼月後一個月所繳出的三至四億元營收，等於是較上月大幅成長了五〇%至一〇〇%，這時若先前相關族群的股價已出現一波修正，目前處於低基期，在反應成長的業績上，股價就可望出現一波彈升。

若以產業來看，根據往年經驗，距離鬼月前一個月時，各大車商往往會使出「車海」戰術，鎖定不同客層的需求，針對不同的車款，推出各式各樣的活動，以刺激市場買氣；而在提前購車效應、以及車商強力促銷下，相關車廠在鬼月前一個月的銷售往往會特別亮眼。

和泰車（2207）為TOYOTA、高價位的LEXUS品牌代理商，在台灣的市占率逾三成；裕日車（2227）所代理的NISSAN在台灣的市占率，近年來都維持在一一%；中華車（2204）目前為三菱各種商用車、轎車與休旅車的汽車製造商，在台灣市占率約一四%，僅次於和泰車，而這些汽車業者的營運在鬼月提前消費效應發酵下，鬼月前一個月的業績往往都會成長，後市值得留意。

至於房市方面，按照傳統禁忌，民眾普遍會避開在鬼月辦理交屋，導致交屋人數較低，因此，鬼月通常是房市的淡季；不過與車市相同，房市也有提前交屋或延後交屋的效應，對於營建股的單月業績也會造成波動。只是近年來，隨著房價高漲，民眾看屋愈來愈不受鬼月影響，鬼月僅影響交屋時間，對於建案銷售通常只是遞延，因此，**鬼月對營建股影響愈來愈小，反而政策的多空對於市場信心衝擊較大，也影響到營建股的後市。**

在習俗上，鬼月不宜出遊，也不宜嫁娶，因此，飯店股在這段時間內，營運也會受到結婚人數銳減、婚宴訂單需求減少影響，營收難免出現下滑，要等到擺脫鬼月衝擊之後，買氣才會回溫，以婚宴筵席為大宗業務的餐飲業者新天地（8940），營收在鬼月就常常出現明顯的下滑。另外，像觀光飯店的國賓（2704）、六福（2705）、晶華（2707），在鬼月時結婚筵席減少下，通常營收也會普遍下滑；不過近年來隨著國人外出用餐頻率增加，加上鬼月有中國情人節的七夕，以及飯店會加強促銷力道，影響程度已不若以往，值得注意的是鬼月之後筵席訂單回籠，加上緊接而來的中秋節帶動了送禮需求，業績反而會較上月出現明顯成長。

鬼月通常全台大小廟宇、企業、家戶都會舉辦中元普渡，往往會帶動零食、飲料、泡麵、罐頭及各項加工食品等出貨增溫，加上暑假本來就是食品業的旺季，相關商品的銷售都可望成長，像生產泡麵及飲料的味全（1201）及統一（1216）、生產罐頭及分解茶的愛之味（1217）、生產泰山仙草蜜的泰山（1218）、生產黑松沙士及黑松汽水的黑松（1234）、生產蘋果西打的大飲（1213）等，以及包裝材料中，鋁罐的大華（9905）、馬口鐵及PET瓶的統一實（9907）、塑膠瓶的宏全（9939）、馬口鐵的F-福貞（8411）等，還有零售通路的全家（5903）、統一超（2912）等業者，後續業績往往都能繳出不錯的成績單，股價提前反應的結果，通常在鬼月之前就會先上漲，操作時需注意時間落差，提前鎖定。

1分鐘選股指南

鬼月效應受惠股

鬼月前的提前消費潮	
汽車股	和泰車（2207）、裕日車（2227）、中華車（2204）
鬼月的中元普渡潮	
食品飲料	味全（1201）、統一（1216）、愛之味（1217）、泰山（1218）、黑松（1234）、大飲（1213）
包裝材料	大華（9905）、統一實（9907）、宏全（9939）、F-福貞（8411）
零售通路	全家（5903）、統一超（2912）

45 中國十一長假消費熱潮，哪些產業可享明顯優勢？

「中國十一長假可望帶動智慧型手機晶片需求走揚！」「中國十一長假將至，聚焦三大亮點！」「十一長假拉貨需求推動，通路股業績看俏！」從許多新聞標題可見，中國的「十一長假」效應頗受台灣矚目。

十一長假是來自於中國的國慶日——十月一日，最初法定休假期間為三日，而從一九九九年起，中國官方統一對休假期間進行調整，將國慶日前後兩個周末調整為一起休假，於是就形成了七天的長假，而隔年中國國務院更正式確立了十一長假的假日制度。

當時由於受到東南亞金融風暴影響，中國景氣普遍不佳，內需低迷，而黃金周在當時也被視為是振興經濟、提振消費的方式，結果黃金周果真帶來「黃金」，一九九九年第一個十一黃金周，全國出遊人數達到二八〇〇萬人次，實現旅遊收入達一四一億元人民幣，而隔年二〇〇〇年的十一全國出遊人數更達到五九八〇萬人次，旅遊收入達二三〇億元人民幣！

如今，二〇一三年十一全國出遊人數已達到四．二八億人次，旅遊收入達到二一三三億元人民幣，單日發送旅客數比春運還多，被稱為「全世界最大的人口移動」。

每年中國十一長假的黃金周，往往被業者視為與農曆春節同樣重要的消費旺季，尤其近年來中國薪資漲升，人均所得提高，反應在內需消費上，就是購買力的提升。根據波士頓諮詢公司所發布的〈中國新一代消費推動力〉報告，現在中國的富裕階層人口已經達到一．二億，其年均購買力為五九〇〇億美元，是少數擁有大量富裕人口的新興市場，並且這個人口數字及年均購買力的規模，正在持續提升中。因此，無論是網購業者或是實體店面，每到十一長假期間無不卯足全力促銷，搶攻中國新富商機，這也造就了十一長假前的拉貨需求。

消費品購買熱潮是十一長假的首要重點，從百貨、零售通路的來客人數，服飾、食品、家電、3C產品的選購率等，在黃金周期間都會增加，為了不要錯失銷售機會，在十一長假開始之前，經銷商都會提前一到兩個月，陸續把商品準備齊全，開始向上游製造商下訂單，而上游製造商也會向關鍵元件及零組件業者備貨來製造商品，以應付十一長假的消費需求。

在零售百貨通路方面，相關業者的業績都可望出現明顯成長，轉投資中國大潤發（高鑫零售）的潤泰全（2915）、在中國經營百貨商場的遠百（2903）、F-大洋（5907）等，都會在此時推出促銷活動，搶攻中國消費商機；而進軍中國的超商業者如統一超（2912）、全家

（5903）等，營運也會增溫。

由於陸客自由行已陸續開放至二十六個城市，十一長假期間，與陸客來台相關的產業都可望受惠，像頗受觀光客歡迎的誠品生（2926），不僅在國內的據點可望受惠於陸客自由行，預計二〇一四年開幕的中國蘇州店，以及二〇一五年揮軍上海開設的據點，未來在中國十一長假消費潮中，也不會缺席。

在餐飲方面，王品（2727）近年來積極布局中國餐飲市場，目前在中國已擁有「王品」、「西堤」、「慕．鐵板燒」、「花．日本懷石料理」等四個餐飲品牌，也與菲律賓快樂蜂集團合資成立「石二鍋」公司，搶攻中國平價餐飲商機；瓦城（2729）也積極進軍中國市場，二〇一三年十一月於上海靜安區的芮歐時尚百貨，設立首家據點，後續以大上海地區、蘇州、南京等地為展店目標，預計二〇一四年底前在中國開設十家據點，這一類的企業，後續在十一長假所帶動的消費需求中也可望受惠。

在電子產業方面，近年來，中國網路社群爆發性成長，如微博、微信、飛信等社群網站及手機通訊軟體的用戶激增，帶動中國中低階智慧型手機及中低階平板電腦出貨量攀升，對於相關供應鏈有利；手機晶片的聯發科（2454）、聯發科產品在中國主要代理商的大聯大（3702）、替索尼代工中低階手機的華冠（8101）、替聯想代工手機的華寶（8078）、布局中國

3C通路多時的聯強（2347）等，後續業績都可望受惠。

此外，中國十一長假後，庫存回補力道一直是業界關注焦點，尤其是一些鋼鐵、塑化、紡織等產業：若是下游庫存回補力道夠強，表示業者樂觀看待後續的市場需求，進場增加庫存水位，此舉將會推升原物料的報價，對於相關類股的業績有利，後市值得列入追蹤。

1分鐘選股指南

十一長假受惠股

電子	
手機晶片	聯發科（2454）
中國電子通路商	大聯大（3702）
中低階手機代工	華冠（8101）、華寶（8078）
中國3C通路	聯強（2347）
傳產	
百貨	遠百（2903）、F-大洋（5907）
超商	統一超（2912）、全家（5903）
商場	誠品生（2926）、藍天（2362）
餐飲	王品（2727）、瓦城（2729）

◎另外，可注意鋼鐵、塑化、紡織等產業，在十一長假後是否出現庫存回補力道。

46 廠商拉高自製率是好是壞？投資人又該如何應對？

索尼拉高電視自製率，代工廠悶！」「三星S4賣不動，拉高晶片自製率！」「日圓貶，日商拉高自製率！」「聯想自製率持續拉高，台灣代工廠憂！」「中國電視面板自製率，二〇一三年衝上三成！」「半導體設備本土自製率拉高！」

「自製率」，一個常見於產業新聞的名詞，簡單來說，就是自行製造的零組件或原料占整體零件之比率；若以國家而言，日商拉高自製率，即表示日商提高採購在日本國內生產零組件或原料的比重；若以企業而言，即表示該企業提高自行生產零組件及原料，或是提高自行製造生產的比重。

過去許多國際大廠為了降低成本，裁撤旗下製造部門，把製造委託給外部代工廠，因此造就了台灣代工業的興起，像鴻海（2317）、廣達（2382）、仁寶（2324）、緯創（3231）等大廠都是受惠國際大廠委外代工訂單，而成長茁壯的案例；而當這些國際大廠將產品委外代工後，自行製造的比重減少，自製率就會降低；反之，當國際大廠決定拉高自製率，這時委外代工訂單就會減少，對於相關代工廠不利。

以前述新聞「聯想自製率持續拉高」為例，即代表聯想要把訂單由代工廠轉給自身旗下的聯寶廠、美國廠、巴西廠及自有手機工廠來製造，等於下給台灣代工及零組件廠的訂單會減少，相關廠商業績自然受影響，股價也會受衝擊。

再以前述新聞「日圓貶，日商拉高自製率」為例，即過去日圓升值，日本大廠透過委外代工，降低日圓升值的傷害，台廠也一度成為受惠者；結果二〇一三年日圓在安倍經濟學影響下快速貶值，這時由於匯率因素，交由台廠委外代工所節省的成本，就被日圓貶值吃掉了，因此，日本廠商開始放緩委外代工速度，甚至收回部分訂單，轉而向日本本土的既有生產線下訂單，這就造成了部分業者的訂單受影響。

至於「中國電視面板自製率拉高」，則是近年中國政府扶植的自有面板廠，如華星光電、京東方等，二〇一三年以來出貨力道持續增加，中國電視廠商也開始將原本下給台廠的訂單轉給中國廠商，就影響到台廠的業績。

至於「索尼拉高電視自製率」、「三星S4拉高晶片自製率」等，這些國際大廠把訂單取回，交由旗下製造部門生產的動作，對於台系代工廠及晶片廠的營運都會產生不利影響。

整體來看，只要客戶為了自身的利潤，而拉高自製率，把訂單改為自行生產或在本國內採購，這些被客戶轉單的廠商，業績就會受影響，股價上就會出現易跌難漲的現象，後續以先觀望為宜。

換個角度來看，也有部分廠商可望受惠於拉高自製率，像台灣的半導體產業就是一例。台灣半導體產業在經過數十年的發展之後，在國際上已具備了一定的產業地位；只是先前的生產設備多是對國外設備大廠採購，在價格上相對昂貴，因此，面對近年來全球半導體產業的競爭，經濟部先前邀集相關業者協議，提出「推動半導體製程設備暨零組件躍升計畫」，以提升半導體相關製程設備自製率為目標，並健全半導體產業供應鏈的發展。

根據研調機構資料指出，二〇一三年台灣半導體設備自製率預估為一六%，而到二〇一四年、二〇一五年可望持續提升至一八%、二二%，換言之，未來台灣半導體產業在擴產時，會以採購台廠的設備為優先，未來將衍生出龐大的設備商機，包括無塵室、精密設備及先進製程所需的耗材等，後續的業績都可望成長。以電子束檢測設備大廠漢微科（3658）為例，即受惠半導體大廠台積電持續擴大資本支出投入先進製程，業績持續向上，股價由掛牌的二六五元一路大漲到一〇四〇元，大漲近三倍！

對於國家、產業、企業之間自製率的變化，最重要的是確定「後續訂單流向」，而決定後續訂單流向的是利潤，怎麼樣的生產方式能夠對該國、該產業、該企業最為有利，後續訂單就會湧入，受惠業者業績就會成長；反之，當有更適合相關廠商的生產方式出現時，相關廠商的訂單則會流出，受害業者業績就會下滑。

實務上，未來有新客戶加入、新訂單流入的廠商，由於營運具備新的成長動能，業績可望持續向上，尤其是一些市場規模龐大的產業（如半導體產業），一旦相關廠商將訂單由國外廠商轉向國內業者時，潛在爆發力更是值得期待，值得列入追蹤。

1分鐘選股指南

自製率拉高應對策略

追蹤後續訂單流向，先確定是訂單流出或流入；若後續訂單會減少的廠商，業績容易下滑，股價易跌難漲，操作上先行避開；至於後續訂單會增加的廠商，由於業績可望成長，股價易漲難跌，操作上可擇機介入。

47 半導體大戰開打，台積電積極擴產，哪些企業後續看好？

「台積電擴產供應鏈進補！」「台積電擴產，設備耗材廠百家爭鳴！」「蘋果下單，台積電擴產供應鏈大利多！」「台積電看好二十八奈米市場需求，積極擴產！」「尬英特爾，台積電提前蓋十八吋廠！」

當前一場半導體擴產大戰正在進行，在《看懂新聞2：剖析關鍵數字，聰明掌握進出場時機》書中，我們曾提及半導體製程的演進。一片矽晶圓的直徑愈大，每片矽晶圓的面積就愈大，所需要的製造技術也愈高，當然能夠做出的矽晶粒就愈多，整體成本就愈能夠降低，生產效率也就愈高。

目前各大晶圓廠都進入十二吋廠的時代，而為了進一步提升每單位晶圓的生產效率，台積電、英特爾、三星等半導體大廠，都積極規畫搶進十八吋晶圓廠的興建。過去一座十二吋晶圓廠的建廠成本就要六十至七十億美元，而一座十八吋晶圓廠的造價更高，市場估計將接近百億美元，投資金額之大，沒有一定實力勢必無法進入。目前已宣布將投入十奈米先進製程者，包括英特爾、三星兩家整合元件製造商（IDM），而純晶圓代工業者則有台積電和格羅方德，這四家企業也被視為是將進軍十八吋晶圓廠的廠商。

現階段國際各大半導體晶圓廠和設備廠，普遍預定二〇一六年完成十奈米及十八吋晶圓製程技術測試，並預定二〇一八至二〇一九年進行量產。台灣晶圓代工龍頭台積電（2330）為了保有產業競爭優勢，董事長張忠謀已在法說會上表示，二〇一三年台積電的資本支出約九十七億美元，而為了迅速推動先進製程，二〇一四年的資本支出可望再成長；目前台積電已規畫將在台灣設立三座十八吋晶圓廠，目前已宣布將斥資四千億元，作為初期的建構資金，而根據業界預估，這三座十八吋晶圓廠的總投資額將上看一兆元，是台積電史上最大的投資案，後續的擴廠商機相當可觀。

過去台積電建廠所需要的設備多數來自於應材、ASML、東京威力科創（Tokyo Electron）等國際大廠；近年來，在成本及就近溝通考量下，台積電也開始向台灣半導體相關設備與耗材等供應鏈釋出訂單。現在台積電在採購上已有相當比例採取在地化策略，包括前端的檢測設備、再生晶圓與製造端的耗材投入，及後端的清洗服務等。未來隨著台積電在全球二十八奈米製程中，市占率已超過八五％，且積極朝二十奈米與十六奈米邁進，相關供應鏈的業績都可望水漲船高。

漢微科（3658）生產電子束檢測設備，能對於晶圓進行掃描檢測缺陷，進而提升良率，近年受惠於台積電、英特爾和三星等持續擴大資本支出，對於先進檢測設備需求同步提升，業績可望持續成長，未來發展前景看好；閎康（3587）為台積電檢測代工廠，受惠台積電二十奈米首度導入二次微影曝光的雙重曝影製程，及新增兩個新的化學機械研磨製程，對檢測分析需求大增，後續業績可望增溫；弘塑（3131）生產半導體濕製程設備，能應用在晶圓級封裝製程中的乾式光阻剝除、金屬層蝕刻、助焊劑清除，以及清洗等步驟，目前以十二吋產品為主，後續隨著客戶積極發展高階製程，業績也穩健向上。

中砂（1560）為台積電再生晶圓及鑽石碟供應商，目前二十奈米與十六奈米皆已獲得台積電認證通過，隨著台積電積極擴充產能，對於再生晶圓年度需求可望增加三至四成下，目前也進行擴廠，預計二〇一四年首季新產能將正式量產，有利營運提升；辛耘（3583）受惠再生晶圓產能增加，加上自製單晶旋轉機台切入日月光和精材等大廠，搶攻先進封裝市場大餅，後續業績也有機會逐步開花結果；家登（3680）切入前開式晶圓傳送盒與多功能應用晶圓傳送盒等晶圓載具領域，後續隨著十八吋先進製程開出，帶動產品需求增溫，中長期發展值得觀察。

半導體設備清洗的世禾（3551）專為二十八奈米設備清洗服務而設置的專廠產能已開出，後續隨著台積電二十八奈米製程產品放量，訂單將隨之增溫；華立（3010）代理JSR光阻、化學機械研磨液（CMP）等產品，已通過台積電二十奈米製程指定供應品認證，並加入十六奈米FinFET的研發，後續業績也可追蹤；崇越（5434）代理信越矽晶圓、深紫外光阻液等材料，後續出貨量將隨著台積電二十八奈米產能擴增持續成長；另外，離子植入機耗材的翔名（8091）、無塵室及機電系統廠的漢唐（2404）及帆宣（6196）、自動化設備的盟立（2464），後續在台積電擴充產能下，業績都可望成長，也值得列入追蹤。

1分鐘選股指南

台積電供應鏈概念股

設備／檢測代工／清洗	漢微科（3658）、弘塑（3131）、閎康（3587）、世禾（3551）
再生晶圓／晶圓載具	中砂（1560）、辛耘（3583）、家登（3680）
耗材／無塵室工程／自動化設備	華立（3010）、崇越（5434）、翔名（8091）、漢唐（2404）、帆宣（6196）、盟立（2464）

48 資產活化下，哪些企業土地開發利益可期，後市值得留意？

「老牌資產股土地開發利益可期！」「瞄準土地開發利益，非營建業活化資產全面啟動！」「高鐵資產股開發利益豐厚！」「土地資產活化開發利益逾百億！」「XX公司擁有龐大土地資產，潛在開發利益可觀！」「XX公司坐擁數萬坪土地，土地開發利益上看五百億！」

「土地開發利益」這個經常在財經媒體中出現的名詞，通常伴隨著「資產股」一同出現，與這些公司手上握有的土地資產有關，是台股中常見的重要議題。

早年，許多上市公司名下都擁有不少廠房，由於取得這些土地資產的時間較早，因此取得成本都相當低廉；近年來隨著產業變遷，部分廠房遷移至台灣其他地區或是海外，造成原有的廠房閒置，而在近幾年房地產價格大漲之後，這些閒置廠房周邊的地價及房價紛紛水漲船高，部分企業為了替股東創造更大利益，不讓手中的資產閒置，於是積極活化資產，進行土地開發計畫。土地開發利益就是以早年取得的土地成本，對比近年大漲後的土地價值，甚至房產、商場價值，兩者之間的差距，就是可觀的土地開發利益。

土地區位是決定土地開發利益高低的關鍵，位於政府重要重劃區內，或是鄰近捷運及高鐵站的土地就愈值錢。舉例來說，T公司原先在台北的廠房，由於生產線陸續遷往海外，目前已經沒在運作，而該廠房土地面積約有一萬坪，預計開發總樓地板面積達六萬坪，若以市價每坪約五十萬來計算，則此開發案總銷售金額將上看三百億元，進一步扣除開發成本一百億元，則開發利益就上看二百億元！若是T公司資本額約五十億，則整體土地開發利益就上看四個資本額，也就是可望貢獻EPS達四十元，土地開發利益相當驚人。

只是投資人必須留意，僅有尚未開發的土地才有想像空間，一旦宣布處分，或是正式進行開發後，由於土地開發利益已經能進行估算，後續的想像空間就會變得有限，股價上就要注意是否有利多出盡的現象。像飲料大廠黑松（1234）先前擁有台北精華地段——微風廣場旁約一三四四坪的土地，由於傳出要進行處分，結果股價在處分前就由不到三十元一路大漲到五十一元，反而當黑松以總價八一．九九九九億元，每坪單價約六〇九．六萬元出售給潤泰新之後，股價不漲反跌，由五十一元跌到三十五元左右，出現利多出盡的現象。

真正值得關注的是手上握有土地資產，目前傳出有意開發、或已著手進行規畫，但是尚未出現實質開發利益的企業。大洋（1321）中和廠取得時間為一九七六年，每坪成本僅五二六元，日前地目變更為住宅用地，取回九九一六坪土地，由於該地緊鄰台北捷運環狀線Y12橋和站，以該區素地價格每坪至少一二〇萬元來預估，潛在土地開發利益逾一二〇億元；三陽（2206）內湖舊廠開發案可望分得樓地板面積約二．五萬坪，以目前該區每坪約五十五至六十萬元價格來計算，後續開發利益約一二〇億元（已扣除成本），開發利益也很驚人。

新莊捷運通車，對於在沿線擁有土地資產的企業也有加分作用，包括先嗇宮站旁的味全（1201）、南染（1410）、味王（1203），頭前庄站旁的勤益（1437）、東元（1504），輔大站附近的華電（1603），丹鳳站旁的三洋電（1614）等，其中東元新莊舊廠占地一萬一千多坪，位於捷運新莊線頭前庄站附近，後續規畫以造鎮方式進行開發；三洋電擁有泰山廠二．三萬坪土地，目前規畫朝住商綜合區進行開發，以當地每坪土地價格五十萬來計算，潛在利益逾百億，未來具有想像空間。

農林（2913）在全台擁有逾一千一百萬坪的農地及林地，在近年農地大漲後，潛在利益水漲船高，後續處分或開發利益值得鎖定；國產（2504）台北南港廠變更為商業區後，可取得五千四百多坪土地，由於國產取得成本每坪僅一萬元，以南港區素地每坪約三百萬來計算，光是土地利益就逾一六〇億元；台肥（1722）全台擁有五一．八萬坪土地，其中最具價值的為南港土地，總面積逾三萬坪，後續開發利益也相當可觀；南港（2101）南港廠總面積達一萬三千四百四十九坪土地，後續住宅及商辦的開發利益也值得鎖定；遠東新（1402）旗下擁有板橋、泰山、礁溪等超過五十六萬坪土地；南紡（1440）旗下擁有台南總廠三．六五萬坪土地，第一期的夢時代購物中心預計二〇一四年下半年開幕，後續發展也值得留意；大同（2371）擁有全台四十五萬坪土地資產，其中不少在台北及新北等精華地段，目前已進行資產活化，潛在利益也相當可觀，不妨列入追蹤。

1分鐘選股指南

土地開發利益可期的資產股

大洋（1321）、三陽（2206）、味全（1201）、南染（1410）、味王（1203）、勤益（1437）、東元（1504）、華電（1603）、三洋電（1614）、農林（2913）、國產（2504）、台肥（1722）、南港（2101）、遠東新（1402）、南紡（1440）、大同（2371）

49 廠房爆炸，供給減少帶動報價上揚，暗藏哪些投資契機？

「海力士無錫廠房爆炸，DRAM現貨價大漲二〇%！」「PCB廠失火，造成市場產銷秩序大亂！」「日本AA廠爆炸停工，報價蠢動、台塑受惠！」「台塑美國廠爆炸，二線塑化廠第四季營運看好！」「VCM廠爆炸停產，帶動下游產品PVC報價上揚！」「日本觸媒工廠因爆炸停產，相關產品報價可望上揚！」

在報章媒體上，我們有時會看到工廠爆炸失火等這一類的工安意外，進而引發停工，因此影響產業市況的訊息。這一類爆炸失火等工安意外，對於當事人絕對是一項利空，不僅生產線會受損停擺，並且也可能錯失上游廠商的訂單，即使廠房機器存貨設備都有投保，後續可望獲得理賠金；但在停工期間，對於整體營收都會產生衝擊，若無法迅速善後，進行復工，對於該公司整體產能的不利影響更會擴大。因此，當一家企業出現爆炸及失火等工安意外時，股價下跌機率大，操作上應先避開為宜。

一般而言，只要一個產業不是出現大幅供過於求的現象，則當該產業中有一家廠商發生爆炸失火等意外時，所代表的就是該產業總供給會減少。舉例來說，當一個產業存在A、B、C、D四家廠商，每月分別生產十萬、二十萬、三十萬及四十萬個X商品，等於市場上每個月合計有一百萬個X產品的供給量。當C工廠發生爆炸意外，其中一條重要產線被迫停工時，則市場上的供給量可能會減少二十萬個（假設該爆炸受損的產線，月產能為二十萬個產品），總供給量剩下八十萬個產品，若是市場上的需求量約略為九十萬個時，等於有十萬個供需缺口產生，也就是有十萬個需求無法被滿足，這時下游廠商為了確保能拿到X產品，通常會以調漲採購價格方式來因應，進而造成X產品的報價上揚。

當供需缺口愈大，則X產品的報價漲升速度會更快，這對於生產X產品的A、B、D廠商有利，不僅後續產品的價格能夠水漲船高，而一些原本向C廠商下訂單的下游業者，由於需要X產品才能出貨，也會轉而向A、B、D廠下訂單，也就是俗稱的「轉單效應」。這個現象若是遇到產業需求旺季，如手機零組件廠遇到十一長假拉貨潮，進而需求大增，則缺貨的情況將會更為明顯，這時一旦A、B、D廠商的業績數字出現明顯成長，股價就容易上揚，後續值得鎖定。

以前例來說，C廠商受損產線的「復工時間」，將是供需狀況何時扭轉的關鍵。二〇一三年九月初，韓國記憶體大廠SK Hynix無錫廠發生大火，由於產線受損不輕，到同年十二月才回復火災前的產能，重新進行投片，若加上進行後段封裝測試，整個前置時間（Lead Time）需要二至二．五個月，等於二〇一四年的二月左右才能正式復工，開出產能並交貨給客戶；不僅趕不上二〇一三年底的聖誕旺季，連二〇一四年初的中國農曆年旺季也無法足額供貨，預期供給減少的結果，DRAM報價後市看漲，而其他業者如美光、華亞科等營運也看好，股價也隨之走強。

工廠爆炸失火的情況最容易發生在塑化廠上，由於塑化原料普遍具有易燃、難以保存的特性，容易產生化學變化，進而引起火災，因此，一旦出現爆炸事故，業者被迫停爐，市場的供需情形就會產生變化，缺貨的原料報價就呈現易漲難跌。

二〇一一年十一月日本氯乙烯單體（VCM）廠Tosoh曾發生爆炸，由於日本VCM有五成外銷，而Tosoh是日本第一大VCM廠，約占日本三分之一產能，就影響到市場的供貨，進而帶動下游聚氯乙烯（PVC）的價格，由每噸八八〇美元附近，漲到每噸一〇五〇美元附近，上漲近二成，就帶動生產PVC的台塑（1301）及華夏（1305）股價走揚。

另外，像EG的東聯（1710）、中纖（1718）、南亞（1303），LDPE的台聚（1304）、亞聚（1308）、台塑（1301），HDPE的台塑（1301）、台聚（1304），SM的國喬（1312）、

台苯（1310）、台化（1326），ABS的台達化（1309），CPL的中石化（1314）等，在國際相關大廠出現爆炸，進而出現供貨吃緊、報價上揚時，股價也可望受惠。

同樣的邏輯也應用在鋼鐵、水泥、造紙、肥料等泛原物料產業上，當有廠商受到工安意外衝擊，無法順利生產供貨時，就會造成產業的整體供給減少，進而造成產品報價上揚，這時對於產能未受影響，甚至接獲轉單的廠商來說，營收及獲利就可望提升，後續股價也會有表現機會，值得列入追蹤。

1分鐘選股指南

廠房爆炸失火的投資應對策略

檢視廠商受損程度，確認復工時間，若復工時間在三個月內，對於整體產業供需影響不大；若是復工時間超過三個月，則由於下游廠商庫存已去化一定程度，後續補庫存動作，將刺激產品報價上揚，對於生產相同產品，且廠房未受損的業者有利，後續營收及獲利都可望提升，值得列入追蹤。

50 缺電問題帶動日本太陽能產業興起，何者具有發展潛力？

日本有八〇％以上的能源都依賴進口，能源不足問題存在已久。二〇一一年日本發生三一一大地震，後續緊接而來的海嘯造成福島核災，形成一系列的複合式災害，讓日本人對於核能政策出現反思；尤其在日本中奧成功後，解決福島含放射性汙水流入大海的問題，更成為當務之急，如何在環保節能及經濟發展之間取得平衡，成為日本政府當今所面對的議題。

能源一直是經濟發展的重要因素之一，若能源不足，尤其是「缺電」，將會導致經濟發展減速，景氣復甦的步伐受到影響。目前日本政府仍對核能政策立場舉棋不定，不過為了進一步解決缺電問題，日本當局尋找替代能源的腳步，已在加速進行中。

現階段日本法定的替代能源項目為太陽能發電、風力發電、廢棄物發電、地熱發電、生質材料發電、太陽熱利用、冰雪熱利用、廢棄物熱利用、生質材料熱利用、溫度差能源等，其中以太陽能發電最受矚目。

太陽能由於具有無汙染性及資源豐富性，被日本政府定位為可持續發展的環保能源之一。自一九九四至二〇〇五年，日本曾透過發放政府補助金的方式來推動太陽能，帶動了太陽能產業的興起；後來由於政策暫停，日本太陽能產業的發展腳步也放緩，直到二〇〇九年日本政府重新啟動家用太陽能補貼政策，鼓勵民眾安裝太陽能發電系統，加上推出固定電價收購制度，才讓太陽能產業重現光明。

二〇一二年七月，日本政府推出「再生能源特別措施法案」，規定日本電力公司有義務以固定價格收購所有藉由太陽能、風力、地熱等再生能源產生的電力，該法案中對於太陽能發電所產生的電力收購價格，設定每度（kWh）為四十二日圓（含稅）（預估收購期限將達二十年左右，價格則逐年調整），達全球最高水準，也讓該補貼政策一上路就使日本國內太陽能電池需求大增，並掀起一股大規模的太陽能電廠興建潮。

日經新聞就指出，日本國內太陽能電池需求太旺盛，導致日廠即便增產並擴大對外採購也仍舊無法滿足需求，讓中國、南韓、台灣等海外廠商有機可乘，大舉擴大對日本的出口。

根據市調機構集邦（TrendForce）旗下綠能事業處EnergyTrend預估，日本太陽能在日本官方決定提高消費稅、加速清算電廠建設項目，以及奧運申辦等三大因素下，二〇一三年整體需求量將較二〇一二年成長達二至三倍；而根據日本民間調查機構矢野經濟研究所報告也指出，二〇一二年日本國內太陽能發電系統的市場規模，達到一兆三一九八億日圓金額，首度突破一兆日圓大關，年增一八〇%；而矢野也預估二〇一三年日本太陽能發電系統市場規模（住宅用＋公共／產業用）將達到二兆二六八一億日圓，年增七二%；二〇一四年更將進一步成長至三兆一五九億日圓。

根據研調機構預估，日本到二〇一七年累計太陽能安裝量將為33.6 GW，較二〇一二年的累計安裝量成長達五倍，而由於日本系統廠商對台灣廠商的接受度較高，後續受惠程度可望較大。新日光（3576）是台灣最早耕耘日本市場的太陽能電池業者，現今許多日本系統大廠都是其客戶。隨著日本對太陽能電池需求增溫，日本客戶出貨量已超過五成，由於日本客戶要求品質，價格較好，對於未來營運有實質助益，後續發展值得期待；太陽能電池的昱晶（3514）亦布局日本太陽能市場多時，日本市場銷售比重占四成左右，在日本政策加持及當地裝機需求熱絡下，營運持續加溫，並且布局供應鏈上下游效益陸續浮現，與中鼎、日本三菱合資的多晶太陽能矽晶圓廠昱成，產能已逾430 MW，後續營運也可鎖定。

太陽能電池的茂迪（6244）在政策轉趨對太陽能產業有利下，來自日本的銷售已增至近四成，未來也會受惠；至於昇陽科（3561）已於二〇一三年第三季在日本設立子公司；太極

（4934）在日本籌備設立子公司多時，未來都可望分食日本太陽能大餅，搶攻相關商機。

至於太陽能導電漿的碩禾（3691），不僅導電漿料受惠日本客戶大量採用，全球市占率持續提升，並且也透過子公司禾迅投資一○○％持股的日本「永和電力株式會社」，已啟動17 MW的太陽能電廠興建計畫，預定於二○一四年底完工，後續藉由出售電力給日本再生能源市場，營收及獲利都可望正面提升；鑫科（3663）跨足太陽能導電漿領域，與新日光聯手進軍日本市場；而太陽能矽晶圓的旭晶（3647）已在日本布局太陽能市場多年，不僅設立模組廠，也在廣島設立太陽能電廠，規模為1.5 MW，目前已開始並聯售電，未來發展潛力也值得期待。

1分鐘選股指南

切入日本市場的太陽能概念股

太陽能電池	新日光（3576）、昱晶（3514）、茂迪（6244）、昇陽科（3561）、太極（4934）
太陽能電廠及材料	碩禾（3691）、旭晶（3647）、鑫科（3663）

第4章

搶先解讀
8個重要政策影響

51 中國上海自由貿易試驗區正式起跑，哪些廠商優先得利？

近年來，中國經濟起飛，國際地位隨之提升，影響力也愈來愈大；如何順應全球經貿發展新趨勢，進一步對外開放，又兼顧國內政經的安定，成為中國第五代領導人習近平所帶領的執政團隊必須面對的議題。

為了帶領中國與世界各國接軌，建構合作發展的平台，二〇一三年七月初中國國務院通過《中國（上海）自由貿易試驗區總體方案》，決議在上海市外高橋保稅區、外高橋保稅物流園區、洋山保稅港區，以及上海浦東機場綜合保稅區等四個海關特殊監管區域內，建設一個自由貿易實驗區，試圖為中國經濟的轉型注入一劑強心針。

上海自由貿易試驗區總面積為二八七八平方公里，相當於上海市面積的兩百二十六分之一，這裡被視為是中國經濟發展的新起點，不僅會實行優惠稅收和特殊監管政策，也意味著更大的開放度，其中還將包括討論已久的外匯政策。

中國國務院總理李克強即表示，設立上海自貿區將是政府打造中國經濟「升級版」的重要措施，而這裡也被市場認為是「李克強經濟學」首次真正落地的區域，後續將以貿易自由、人員進出自由、服務進出自由、貨幣流通自由、貨物進出自由、貨物存儲自由等六大自由為目標，帶動中國經濟再成長。

據悉，在自由貿易試驗區設立前，除了上海外，包括重慶、浙江省的舟山群島新區、天津市的濱海新區也曾積極爭取自由貿易區的歸屬權，只是最後仍由上海脫穎而出。擁有港口和國際機場的上海，對於發展貿易及金融業務而言，有著得天獨厚的地理條件。二〇一二年光是外高橋保稅區的全年商品銷售總額，就突破一兆元人民幣，進出口總額超過千億美元，而二〇一二年上海口岸外貿貨物吞吐量累計達三十六億噸，繼續保持貨物和集裝箱吞吐量世界第一大港的地位。目前已有愈來愈多企業將亞太總部設立在上海，而後續迪士尼樂園也將在此處開園營業，這也將進一步拉動上海地區的消費。

上海自貿區的設立，貿易自由化是發展重點，這將有利於港口、機場客運量和貨運量提升，對於區域性的港口、機場公司以及運輸業有利；而在自貿區成立後，園區物價資產價值也會提升，對於擁有園區資產的公司以及從事工程業務的公司有利；再來，後續貿易區進行金融自由化過程中，將積極推動金融創新業務發展，對於區域業務相關的銀行有利；而隨著融資租賃也納入自貿區開放之列，租賃龍頭F-中租（5871）後續營運也值得追蹤。

由於上海自貿區整合了四個保稅區，覆蓋了港口、海運、空運、倉儲等領域的物流市場，對於物流及運輸業者有利，像大榮（2608）、台驊（2636）、中菲行（5609）等在中國布局的物流運輸業者，後續營運都值得觀察。

而對於台商來說，真正有利的在於次產業的開放。過去中國對於遊戲機實施禁令長達十三年，如今隨著自貿區成立，中國文化部允許外資企業在試驗區內從事遊戲遊藝設備的生產和銷售，通過文化主管部門內容審查的遊戲遊藝設備可向國內市場銷售，等於遊戲機終於可以在上海自貿區內從事生產和銷售，遊戲機禁令正式終結。

目前全球遊戲機市場由微軟、索尼及任天堂等三家廠商主導，由於看好中國市場的潛力，在中國國務院宣布成立上海自貿區後就已進行布局，索尼與任天堂已在自貿區開設零售點，而微軟也與中國企業百視通出資組建「上海百家合信息技術發展公司」，瞄準上海自貿區的開放商機，其中尤以二〇一三年第四季推出新一代遊戲機的微軟與索尼兩家大廠，後續銷售最值得期待，相關代工及零組件供應鏈營運看好。

微軟新一代遊戲機Xbox One供應鏈包括組裝的鴻海（2317），電源管理ＩＣ的虹冠電（3257），Kinect軸承的兆利（3548），Kinect鏡頭模組的新鉅科（3630）、亞光（3019），感測雷射元件封裝的聯鈞（3450），連接線器的湧德（3689）、正崴（2392）、今皓（3011），電源供應器的台達電（2308）、光寶科（2301）、群電（6412），電源線的維熹（3501），內容提供的樂陞（3662），外部線的F-貿聯（3665），微控制器的新唐（4919），體感晶片的創意（3443），均熱片的健策（3653）等。

而索尼新一代遊戲機PS4供應鏈則包括組裝的鴻海（2317），塑膠鏡頭的今國光（6209），連接線器的正崴（2392），散熱模組的鴻準（2354）、F-聯德（4912），電源供應器廠台達電（2308）等，後續營運在中國上海自貿區開賣遊戲機下，都值得追蹤。

1分鐘選股指南

上海自貿區受惠股

融資租賃	F-中租（5871）
物流運輸	大榮（2608）、台驊（2636）、中菲行（5609）
開放遊戲機	
微軟Xbox One供應鏈	鴻海（2317）、虹冠電（3257）、兆利（3548）、新鉅科（3630）、亞光（3019）、聯鈞（3450）、湧德（3689）、正崴（2392）、今皓（3011）、維熹（3501）、台達電（2308）、光寶科（2301）、樂陞（3662）、F-貿聯（3665）、新唐（4919）、創意（3443）、健策（3653）
索尼PS4供應鏈	鴻海（2317）、鴻準（2354）、正崴（2392）、群電（6412）、今國光（6209）、F-聯德（4912）、台達電（2308）

52 桃園航空城計畫收益可期，哪些股票將跟著走強？

桃園航空城是馬英九總統「黃金十年」政策綱領中，「愛台十二項建設」的旗艦計畫。這項區域開發計畫，一開始是行政院核定的「台灣桃園國際機場園區綱要計畫」，以機場為主體進行建設；但在桃園政府向中央爭取下，開發規模持續增加，由桃園國際機場園區，擴大到桃園國際機場及機場捷運各車站周邊；若以區域面積來看，「桃園航空城區域計畫」原先規畫有六一五〇公頃（含機場用地、大園都計、菓林都計、高鐵桃園站特定區及大園工業區等已開發地區），若加上「新訂桃園國際機場園區及附近地區特定區計畫」增加七〇九公頃，則面積達到六八五九公頃，是目前國內最大的區域開發計畫。

桃園航空城計畫的目的是提升國家競爭力，帶動經濟發展；現今世界各國都視國際機場為一項能夠帶來商務客及觀光客的重要設施，因此，提升機場的規模與服務，就成了各國積極推動的方向。而在航空城計畫裡，首先就是要提升桃園國際機場的各項設施與國際競爭，有了機場還不夠，目前世界各國由機場到市中心精華區，不少都有捷運系統串聯，這次的航空城計畫正維繫著機場捷運的營運，以及周邊區域的未來發展。

在這項開發計畫中，桃園國際機場當然是核心，政府希望藉由新建第三航廈及衛星廊廳，讓桃園機場的年客運容量能提升至七千五百萬人次，增設可獨立起降的第三跑道、擴大自由貿易港區面積到一七五公頃等。政府預計總投資金額為四一一一億元，目標是在二〇三〇年將桃園國際機場發展成東亞重要的樞紐機場，客運量達到六千萬人次，貨運量約四五〇萬噸，起降架次約五十萬；而根據交通部先前估計，桃園航空城在政府及民間進行四六三〇億元的投資下，估計可創造二十三兆的經濟效益。

為了擴大開發規模，在國際機場及機場捷運站周邊投入開發住宅區、商業區、產業專區等，取得相關用地是必須的；因此，目前政府已依據《國際機場園區發展條例》第九條，及《都市計畫法》第十二條規定，共同訂定「桃園國際機場園區及附近地區特定區計畫」，並分二區以區段徵收方式開發中，現階段大園國中遷校已逐步進行。隨著桃園機場第一航廈翻修完畢，機場南北跑道整修工程陸續完成，以及後續機場捷運通車，桃園國際機場的營運競爭力將明顯提升，對於華航（2610）、長榮航（2618）、復航（6702）等航空業者有利。

桃園國際機場的競爭力提升後，產生的「外溢效益」將帶動周邊產業發展，於航空城設有自由貿易港區的遠雄港（5607），旗下分自貿港區、倉儲物流等兩大事業群，其中，自貿港區收入以廠辦租金為主，目前園區內廠辦出租率已逾七五%，隨著招商配套逐步完備，出租率正持續增加；而倉儲物流則負責承接桃園機場的空運貨物配送、儲運等業務，後續隨著航空城計畫逐漸成熟，帶來更多商機，相關倉租收入、運輸服務收入及理貨服務費將明顯成長，未來發展值得期待。

桃園國際機場一旦貨運量增加，也可望帶動鄰近的港口所推動的複合運輸服務，屆時像是從事貨櫃船運裝卸、倉儲，旗下擁有基隆港、高雄港、台中港等貨櫃集散作業站，並於五堵擁有四萬坪倉儲土地的中櫃（2613）；以及從事陸海運輸，在桃園南崁擁有七十五萬坪貨櫃場及倉儲用地，近期已進行資產活化的榮運（2607）等，後續隨著航空城計畫逐步落實，不僅業務量可望向上攀升，土地資產開發利益也不容小覷。

航空城計畫也將帶動周邊的產業發展區、生活機能地區等發展，屆時資產價值也將水漲船高，因此，在桃園市、中壢、八德、平鎮等區域擁有土地資產的企業，由於後續能夠享有土地處分或資產開發利益（包括航空城土地徵收、桃園推動的新都市計畫等項目），也被市場視為受惠者。像是南染（1410）的蘆竹廠擁有近十七萬坪土地；廣豐（1416）於八德有逾四萬坪的自辦重劃區土地；勤益（1437）在桃園大園鄉有二九三萬坪的土地，部分已規畫為勤益物流園區；大榮（2608）在桃園市及蘆竹鄉擁有千餘坪土地；新纖（1409）在桃園八德擁有近九千坪土地；厚生（2107）在南崁擁有逾十五萬坪土地；嘉裕（1417）及大洋（1321）在桃園也擁有大筆土地，後續開發利益都值得鎖定。

只是由於整體開發計畫過於龐大，政府的開發進度及達成率也是後續觀察重點；一旦進度不如預期，相關個股的股價恐會陷入整理，後續需留意。至於機場捷運受惠股在下一篇會做解析，在此不再贅述。

1分鐘選股指南

桃園航空城概念股

航空業者	華航（2610）、長榮航（2618）、復航（6702）
自由港區倉儲物流	遠雄港（5607）、中櫃（2613）、榮運（2607）
擁有桃園資產	南染（1410）、廣豐（1416）、勤益（1437）、大榮（2608）、新纖（1409）、厚生（2107）、嘉裕（1417）、大洋（1321）

53 機場捷運預計二〇一五年底通車，誰會受惠？

重大交通建設一直是帶動區域發展的主因，在《看懂新聞學會避開風險，精準命中投資標的》一書中，就曾分析政府的交通建設有助於沿線周邊資產價值的提升。若以重要度來看，目前在台灣各項重大交通建設中，桃園國際機場捷運（簡稱機場捷運）一直是一條備受矚目的捷運線。該捷運路線沿途共設二十二座車站，以桃園機場第二航廈為核心，往東經第一航廈，沿線經過桃園縣蘆竹鄉、新北市林口區、桃園縣龜山鄉、新北市新莊區、泰山區、三重區後，進入台北車站特定專用區；而往南則經高鐵桃園車站至中壢市環北站，未來預計延伸至中壢火車站，路線全長約五十一公里，總經費達一一三八億元。

機場捷運連結桃園國際機場、高速鐵路、台鐵，以及台北捷運等重要交通建設，能把台北市、新北市及桃園等三個直轄市串聯成一個生活圈，在通車之後，從桃園機場到台北車站，車程不到四十分鐘，大為縮短通勤時間，讓國際旅客及商務旅客可從桃園國際機場快速進入市區。只是從一九九六年至今，機場捷運由於規畫不佳、發包錯誤、遴選失當到工程延宕，經過了十七年尚無法通車，也讓沿線的周邊市鎮開發與民生經濟發展都受到影響。

由於機場捷運所規畫興建的路線，多屬於農業區或生活機能欠缺的區域，未來一旦通車，光靠旅客及商務客往返機場及台北之間的人數，仍然難以支撐其運量，因此，如何增加運量，就成了機場捷運所面臨的重要問題。

為了維持其運量，讓機場捷運能夠營運成功，政府在與機場捷運最息息相關的航空城特定區計畫中，就把機場周邊及各機場捷運車站的地方都市計畫擴大，試圖讓機場捷運沿線站區附近能有人口移居，並且擁有生活機能，進而帶動區域發展，如此才能讓機場捷運的乘客，從單純的旅客擴散到沿線車站的居民，讓愈來愈多人前來搭乘。

目前，交通部原本預計於二〇一三年十月通車的機場捷運，已延至二〇一五年底才有機會通車，而後續能否順利如期通車，仍在未定之天；只是每次當機場捷運通車進度有重大進展時，相關個股通常提前反應利多，股價往往會先漲一波；反之，當通車進度落後，如先前宣布延後通車時，股價反應利空，又會進行一波修正。**對於投資人來說，機場捷運營運的成敗並非重點，因爲早晚都會通車營運，眞正的關注重點在於政府爲了讓機場捷運營運成功、避免虧損所推出的相關配套計畫上，對於周邊資產價値的帶動才是商機所在。**

中工（2515）已與台北市政府就機場捷運線台北車站的雙子星開發案進行議約，由於該案位於市民大道、重慶北路口兩側，地理位置佳，後續一旦正式簽約進行開發，潛在開發利益相當可觀；三洋電（1614）旗下新莊泰山廠占地二十三萬坪，位於新莊捷運線丹鳳站出口附近，且緊鄰機場捷運線，未來規畫開發為住商綜合區，潛在開發利益可期；南染（1410）的蘆竹廠擁有近十七萬坪土地，不僅取得成本低，並且距離機場捷運山鼻站約三百公尺，後續開發利益值得期待。

廣豐（1416）於八德有逾四萬坪的自辦重劃區土地，周邊有捷運綠線通過，能與機場捷運銜接，目前已陸續開發，後續隨著將興建大型工商綜合區，開發的長期效益也可觀察；泰豐（2102）在中壢高達五十八萬坪的廠房，離中壢火車站（機場捷運）不遠，已列為工商綜合區預定地，預估重劃後將可分得約十八萬坪的住宅用地，潛在價值可期，未來開發效應也值得觀察；亞昕（5213）在機場捷運經過的林口擁有逾六千坪的土地庫存，且位於林口、占地約一千四百餘坪的亞昕國賓影城商場，預計在二〇一四年下半年開幕，而位於機場捷運A9站的亞昕老爺飯店，未來隨著機場捷運通車，商機也值得期待，後續值得追蹤。

新潤（6186）在擁有高鐵、機場捷運的桃園高鐵特區積極推出建案，隨著機場捷運通車，後續也可望受惠；冠德（2520）取得機場捷運A9車站（林口站）及A19車站（桃園體育園區站）等開發案，後續旗下百貨零售業的環球購物中心將在此設點，未來營運也值得觀察；國泰金（2882）旗下的國泰人壽取得A18站五十年地上權，後續將開發成國際商城，也可望帶動區域的進一步發展，未來在區域發展之後，是否有更多受惠股出現，也值得留意。

1分鐘選股指南

機場捷運受惠股

中工（2515）、三洋電（1614）、南染（1410）、廣豐（1416）、泰豐（2102）、亞昕（5213）、新潤（6186）、冠德（2520）、國泰金（2882）

54 兩岸服貿協議可望過關，誰能掌握後續商機？

「兩岸服貿協議今年難過關，藍營呼籲盡速通過服貿協議！」「服貿協議牽動FTA布局！」「陸學者：服貿協議比上海自貿區更優惠！」「總統盼立院速審服貿協議！」

兩岸服貿協議是《兩岸服務業貿易協議》的簡稱，也是近來經常在新聞媒體中出現的名詞，它是ECFA後續四項協議之一；在協議內容中，台灣對於中國做出六十四項開放承諾，而中國對台灣則有八十項開放承諾，其中為了配合台灣的服務業發展規畫，台灣向中國爭取到開放數位內容、文化創意、醫療照護、低溫物流等產業項目。

以中國承諾對我方開放的重點項目來看，在電子商務上，我方可在福建設立經營性電子商務網站，持股比率可達五五％，服務範圍可及於全中國，此項開放承諾超越陸港CEPA，為中國對外開放最大幅度者，有利網購平台業者在中國經營，並且能增加我方產品在中國的銷售管道，對於網購業者網家（8044）、商店街（4965），以及積極搶攻兩岸網購市場的東森（2614），還有物流倉儲的大榮（2608）、台驊（2636）、中菲行（5609）等，後續業績都具有想像空間。

在資訊服務上，放寬認定我方電腦服務業者資質，僅需學歷及從業經歷即可評定資格，在台灣的業績也可計入評定資質之條件，降低台灣業者進入中國市場的門檻；在展覽服務上，我方可獨資經營展覽公司，並授權江蘇等部分省市審批展覽許可，且可以不在中國設立據點的方式，在上海等部分省市舉辦展覽，有利我方展覽業者在中國市場的布局；在線上遊戲上，中國對台灣研發的線上遊戲產品進行內容審查的工作時限降為兩個月，較原本的三至六個月大幅縮短，有助我方業者爭取市場先機，解決因產品審查時間冗長而被中國業者模仿的問題，線上遊戲業的智冠（5478）、樂陞（3662）、歐買尬（3687）、網龍（3083）、橘子（6180）等在中國都有布局，後續營運可望受惠。

在圖書進口上，簡化台灣圖書進口審批程序，將有助台灣圖書出口中國市場；在演出場所經營上，可在中國設立由我方控股或占主導地位的合資、合作音樂廳、劇場等演出場所經營單位，將有助台灣表演藝術經營者與團隊，赴中國深耕開拓市場；在電影片後製及沖印上，中國電影片及合拍片可在台灣進行後期製作及沖印作業，有助於建立台灣電影後製產業之環境及人才養成，擴大我方電影後製的市場規模。

在海運服務上，中國將開放我方試點獨資經營港口裝卸及貨櫃場服務，設立條件比照國民待遇，有助我方海運業者布局中國港口，進一步帶動貿易成長；在旅行社及旅遊服務上，在中國投資設立旅行社的條件比照國民待遇，降低進入市場的門檻，有助台灣的旅行社赴中國設點，對於雄獅（2731）、鳳凰（5706）、燦星旅（2719）等的未來發展都有加分作用。

在金融服務上，支持台灣保險業者經營交通事故責任強制保險業務；台灣的銀行可申請在中國設立村鎮銀行、經營人民幣業務的服務對象包括從第三地投資的台商；放寬台資證券公司的合資持股比率等，都有助我方金融業者開拓中國市場。而從事金融服務及系統整合服務的精誠（6214）及三商電（2427）都布局中國多時，後續隨著台灣金融業者進軍中國，營運規模可望擴大，業績也值得期待。

另外，由於服貿協議允許台灣殯葬業者在中國投資經營殯儀館與納骨塔，對大型殯葬業者有利，龍巖（5530）已與浙江省溫州市政府簽訂協議書，興建內含塔位墓園、殯儀館、禮儀服務的現代化生命園區，後續營運也有成長空間。

只要開放，都會有受惠業者及受害業者產生，市場上往往有許多正反兩面的看法；這次我方對中國承諾項目包括印刷業、美容美髮及洗衣服務、營造業、老殘照護機構、演出場所經營、中藥材批發等，有些由於競爭力不足，營運難免會受到衝擊，但有些業者由於具有競爭力，且已切入中國市場，反而有助其營運成長。像盛弘（8403）與中國房地產業者卓達集團合作，計畫導入敏盛醫療體系，進軍中國的長期照護市場，營運表現就值得追蹤。

對於投資人而言，重點是關注在中國承諾開放後能受惠的企業，這些企業未來在服貿協議簽定後，不僅對於中國經營據點的控制力能提高，經營範圍也會擴大，並且也能透過簡化審批程序等便利性措施快速進入中國市場，整體競爭力提升可期，後市值得追蹤。

1分鐘選股指南

服貿協議受惠股

電子商務	網家（8044）、商店街（4965）、東森（2614）
物流倉儲	大榮（2608）、台驊（2636）、中菲行（5609）
線上遊戲	智冠（5478）、樂陞（3662）、歐買尬（3687）、網龍（3083）、橘子（6180）
旅行社	雄獅（2731）、鳳凰（5706）、燦星旅（2719）
金融系統服務	精誠（6214）、三商電（2427）
殯葬業者	龍巖（5530）
長期照護	盛弘（8403）

55 自由經濟示範區起跑，將能創造哪些產業利多？

「自由經濟示範區整裝待發！」「自由經濟示範區特別條例逐條審查！」「自由經濟示範區估稅收增二九二億元！」「台灣自由經濟示範區進度太慢，恐失競爭優勢！」

台灣自由經濟示範區，從二〇一三年便屢屢見諸媒體，朝野兩黨之間對於這項開放政策的利弊，更是爭論不休。究竟什麼是自由經濟示範區？所謂自由經濟示範區，乃馬英九總統所提出的「黃金十年」政策之一，也是行政院經建會積極推動的重要經濟政策，第一階段先以「六港一空」自由貿易港區作為先行開放的特定區域，透過改善經營環境，以及人流、金流、物流、資訊流等各項法令限制的鬆綁，加速市場開放；而第二階段則是待立法院通過《自由經濟示範區特別條例》後，更進一步地開放，與國際接軌。

經濟示範區的營運模式是以「境內關外」為主，業者除了可於示範區內建置廠房直接生產外，也能透過「前店後廠、委外加工」的模式，將半成品運往區域之外的工業區進行委外加工，不僅能夠擴大港區腹地，更能善用後廠資源產生加乘效果；而此營運模式所銷售的商品，皆有條件地享有免關稅等優惠，有助於吸引台商、外商投資，提升經濟動能。

根據經建會的規畫，第一階段有四大重點產業將優先推動：

第一項為「智慧運籌」——物流業者透過共享雲端平台和便捷的關務審驗機制，提供物流服務，進而擴展委外加工、檢測維修及多國轉運等相關業務，目標是自二〇一三年起，海空港貨量及貿易值連續三年每年成長三〇％，到了二〇一五年貨量達兩千兩百萬噸、貿易值突破一兆元台幣，後續對於自由港區的遠雄港（5607）、貨運的陽明（2609）、長榮（2603）、萬海（2615），以及航空的長榮航（2618）及華航（2610）等有利。

第二項為「國際醫療」——廠商於國際機場內設置國際醫療服務中心，作為貴賓服務接待中心，等待旅客入境報到後，即可直達國際醫療院所，接受健檢、醫美、重症治療等醫療服務，並透過觀光、保險、生技醫材等異業結合擴大效益，預計二〇一五年國際醫療服務人次可突破三十萬人，產值突破一五〇億元台幣。現有三十九家國際醫療院所准入示範區，透過在國際機場或港埠設置國際醫療服務中心，轉介外國旅客到醫院進行醫療服務，對於醫美、健檢、重症醫療等產業發展有利。醫美概念中，膠原蛋白的雙美（4728），醫美儀器代理的曜亞（4138），玻尿酸的科妍（1786）及友華（4120），醫學美容據點的佳醫（4104）及基因

（6130），健檢的盛弘（8403）等，營運都有想像空間。

第三項為「農業加值」——業者於示範區內引進國內外原物料，透過加工技術、安全檢測技術等將其商品化，並以MIT品牌行銷全球市場，預計屏東農業園區的產值，將由二〇一三年的四十億元提高至二〇一七年的一八〇億元台幣；而農業機械及觀賞魚產值，於二〇一六年均較二〇一二年成長五〇%。

最後一項為「產業合作」——企業跨國合作，引進先進國家的關鍵技術、智財或資金，並結合區外相關產業鏈優勢及商品化能力，以開拓中國及其他新興市場，預計二〇一八年底投資技術先進國創投基金五到十家、帶動民間投資六十至一一〇億元，目前已納入工具機與面板產業。

以面板業為例，未來可結合日本光學技術，透過示範區產業合作，相互投資或合資生產，建立新品牌行銷國際市場，後續對於友達（2409）、群創（3481）、彩晶（6116）等面板業者有利；工具機族群也可望展開與國際合作，像瀧澤科（6609）、亞崴（1530）、協易機（4533）、高鋒（4510）、東台（4526）等後續營運也有想像空間。

在自由經濟示範區中，另一個焦點在於金融業的開放，一旦自經區中納入金融，等於擴大金融服務內容，金融業可以透過國際金融業務分行（OBU）、境外證劵業務（OSU），提供外國人及專業投資人更多元化、過去所無法提供的商品，像是過去未被核准的境外基金、結構型商品與合格境外交易所的股票與債券，有助於吸引專業投資人資金回流，擴大台灣銀行財富管理的領域，後續商機值得期待，對於像中信金（2891）、玉山金（2884）、台新金（2887）等，過去深耕財富管理領域的金控股有利。

1分鐘選股指南

自由經濟示範區概念股

物流運輸	遠雄港（5607）、陽明（2609）、長榮（2603）、萬海（2615）、長榮航（2618）、華航（2610）
醫美健檢	雙美（4728）、曜亞（4138）、科妍（1786）、友華（4120）、佳醫（4104）、基因（6130）、盛弘（8403）
面板	友達（2409）、群創（3481）、彩晶（6116）
工具機	瀧澤科（6609）、亞崴（1530）、協易機（4533）、高鋒（4510）、東台（4526）
金融業	中信金（2891）、玉山金（2884）、台新金（2887）

56 IFRS新制大幅影響營建股，如何調整投資規畫？

二〇一三年是台灣會計制度跟國際接軌、實施國際財務報導準則（IFRS）的第一年，許多會計原則隨之調整。IFRS強調的是以「公允價值」（Fair Value）作為會計衡量的標準，在我國正式實施IFRS之後，將有助提升資本市場的國際競爭力，且國內企業赴海外籌資時，也無須再依當地會計準則重編財報，可降低會計處理成本。

現行的IFRS新制對於營建股影響層面最大，這也讓二〇一三至二〇一四年的營建股，面臨新舊會計制度的過渡期，入帳方式大爲改變，造成從每股獲利到每股淨值都出現大幅波動。過去營建業有所謂的預售制度，當一個預售案只要預收民眾的訂金、簽約、開工款等預收款項，達到總成本的一五％時，建商即可按照「完工比例法」入帳；但在實施IFRS後，對於工程營收認列部分，只要買方無法指定商品主要結構設計，不具有重大規格修改權者，不再符合建造合約的定義，需改依IAS 18（收入）處理，故不能採用完工比例法，一律改為採取「全部完工法」認列，即建商要取得使用執照、並完工交屋個案之後，才能認列業績。至於若是買方可指定主要結構設計，客戶具有重大規格修改權，像現有的營造業者，則由於多半符合IAS 11（建造合約）的定義，因此仍以完工比例法認列。

舉例來說，過去K建商於X年度的首季，以完工比例法認列三筆預售案，季度貢獻EPS一元，則當一年過去，假設這三個預售案每季都穩定地貢獻EPS一元，則K建商X年度的EPS就有四元；但在IFRS新制下，貢獻的時間點就落在這三筆預售案的完工交屋時間，假設這三筆預售案都未能於X年度完工交屋，K建商也沒有其他建案能在X年度完工交屋，則K建商在X年度由於沒有任何建案可供認列，即等於入帳空窗期，這時由於K建商仍要負擔人事及基本開銷，營運就可能出現虧損。

再以前述為例，當K建商旗下三筆預售案同時於Y年度（假設Y年度為X年度的下一個年度）完工交屋時，由於採用全部完工法認列，一次認列三筆建案的金額，則在Y年度K建商的EPS可能暴增為八元（過去分季度入帳，現在則一次性入帳）。如此一來，對於K建商而言，就會出現X年度虧損，Y年度大賺八元，呈現營運大幅波動的情形；若因此前去投資，很可能會犯了見樹不見林的毛病，特別是在二〇一三年。

因為，許多建商在二〇一一至二〇一二年已經採用完工比例法入帳過的建案，由於

ＩＦＲＳ新制改採全部完工法認列，若是這些先前已經按照比例入帳的建案剛好落在二〇一三至二〇一四年完工交屋，則依據新制，這些建案在完工交屋時將會一次認列入帳，形成未實施ＩＦＲＳ新制的二〇一二年，以及實施ＩＦＲＳ新制的二〇一三年，連續兩年的獲利數字都很可觀，但是這兩年所認列的建案卻是同一個，等於出現獲利重複計算的現象。

以老牌建商長虹（5534）為例，二〇一二年因為認列內湖長虹新凱旋科技大樓，當年度ＥＰＳ高達二一二八元，而在二〇一三年由於採取全部完工法，第一季重複認列長虹新凱旋科技大樓，首季ＥＰＳ達一九七二元，就是ＩＦＲＳ實施後重複計算個案獲利的案例。

至於一些二〇一一至二〇一二年已經推案，卻尚未完工交屋的個案，若建商已經依完工比例法認列收益，則必須在帳上將之前認列的收益，從保留盈餘中剔除，等建案完工交屋後，再一次重新入帳。除了少數過去採取先建後售，以全部完工法認列收益的建商外，多數的建商在二〇一三年首季財報中的保留盈餘幾乎都出現減少，淨值也跟著下降。

實務上，由於二〇一三至二〇一四年，都處於建商新舊會計制度的調整期，每股獲利及淨值的參考性有限，隨時可能因爲入帳而調整，投資人可鎖定後續季度將有建案完工交屋，可供認列獲利的建商，在單季獲利公告前率先卡位，如基泰（2538）、冠德（2520）、日勝生（2547）、興富發（2542）、力麒（5512）、厚生（2107）、亞昕（5213）、昇陽（3266）等，在二〇一四年都有不少建案完工，後續可望認列入帳，後市值得列入追蹤。

ＩＦＲＳ新制由於希望反映企業的真實價值，所以對於投資性質的不動產及不具控制權的轉投資事業，需以公允價值重新衡量對經營個體的投資價值，進而產生淨利，這將造成企業每季獲利大幅波動，像二〇一三年第三季潤泰全（2915）及潤泰新（9945）由於認列高鑫控股，單季ＥＰＳ為五十一元及二十四元，就是受此影響所致。後續可注意旗下有較多轉投資或資產的企業，像金融業、資產股等。

1分鐘 選股指南

IFRS新制下的投資規畫

IFRS新制對投資的影響：對於營建股影響最大，由完工比例法改為全部完工法認列入帳，預售屋無法認列入帳，必須等待建案完工交屋時才能一次認列入帳。

IFRS新制投資應對策略：鎖定後續季度有建案將完工交屋，可供認列獲利的建商，在單季獲利公告前率先逢低卡位，等待其財報公布，獲利表現亮眼時，市場資金進場拉抬股價。

57 中國一胎化政策擬放寬，哪些概念股值得矚目？

中國擁有逾十三億人口，是全球人口最多的國家。過去三十多年，中國政府嚴格實施一胎化政策，僅有農村家庭、少數民族，以及夫妻雙方皆為獨生子女的家庭等例外。這樣的政策短期抑制了人口成長，解決了糧食不足的問題，但隨著生育率降低，長期將出現人口急速老化，勞動力大幅萎縮的情形。

根據聯合國統計，目前中國六十歲以上的人口占了總人口的一五．五％，而十五歲至五十九歲的民眾占總人口比率則為六八．一％；若以目前人口老化的速度計算下去，到了二〇五〇年，中國的老年人口比率將會快速提升至三〇％以上，而勞動人口將縮減至六〇％以下，這將使得中國勞動力來源面臨龐大的壓力，也不利於中國未來的經濟發展與社會穩定。

為此，一胎化政策近幾年頻頻被拿出來討論，近期中國政府在多方考量下，終於放寬一胎化政策，宣布「單獨二胎」的新政策，也就是開放夫妻中「僅有一方」為獨生子女的家庭能夠生育第二胎，以改善未來的人口組成結構。

以中國目前居住在城市，年齡介於二十至三十九歲的婦女人數約有七千九百萬來計算，假設有二分之一的人目前受限於一胎化的政策，無法生第二胎，而在修法放寬後的未來十年順利生育第二個孩子，則表示屆時將較目前多增加一千九百七十五萬名嬰兒！

值得觀察的是，一旦有嬰兒出生，即代表一般家庭要用更多的錢來養育孩子，以目前每年中國新生兒約一千六百萬人來看，若再加上未來政策放寬所帶來的新增人口數，後續所衍生的嬰幼兒食品、保健品、嬰兒用品、玩具、早教和培訓機構、學習用品和圖書等消費商機更是值得期待。

二〇〇八年中國毒奶粉事件引起民眾對嬰幼兒食品安全的高度重視，媒體也頻頻報導陸客在各國超市及藥房搶奶粉的新聞；而為了確保奶粉的安全，近年來，中國官方對於進口奶粉的審查也趨於嚴格，這讓進口嬰幼兒奶粉在中國顯得炙手可熱。

生達（1720）子公司端強，二〇一二年雙品牌奶粉成功進軍港澳市場，目前占營收比重約一〇%，二〇一三年第二季獲得中國批文，下半年陸續於中國推出皇牌新安琪兒及Dr威爾森系列雙品牌的嬰幼兒奶粉，後續在成功打入中國市場以及政策放寬利多下，來自奶粉的業績可望提升，發展前景看好。

友華（4120）旗下擁有「卡洛塔妮」、「貝比卡兒」等品牌的嬰幼兒奶粉，過去在中國市場以羊奶粉的銷售為主，今年正式進軍嬰幼兒牛奶粉市場，未來一旦一胎化政策放寬，後續業績成長性看好；杏輝（1734）先前與遠東恆天然乳品結盟，代工「安怡」及「豐力富」等品牌奶粉，也推出自有品牌的高蛋白營養品「納補瑞多」奶粉前進東南亞市場，後續營運也具成長空間。

衛生用品也可望受惠政策放寬，不織布廠康那香（9919）二〇一三年起在中國市場開始推動自有品牌產品，目前在中國自有品牌比重已達二五%，後續上海廠也規畫推出自有品牌的紙尿布，搶攻相關商機；而同屬不織布的南六（6504）受惠中國一胎化政策有機會放寬，帶動嬰兒用濕紙巾的需求，目前中國濕紙巾前十大品牌中，就有六個是由南六代工，客戶包括金百利克拉克及嬌聯等國際大廠，占營收比重約二〇%，後續在國際嬰幼兒品牌客戶看好中國市場下，營運持續向上，也是政策放寬下的受惠股。

嬰童用品的麗嬰房（2911）布局中國市場逾二十年，總門市數逾一千六百家，近年來受中國經營成本提高衝擊，營運表現走弱，二〇一三年起積極關閉經營績效不佳的門市，並持續打消產品庫存，在未來中國可能逐步放寬的獨生子女政策，帶動對於嬰童用品的需求下，營運有機會逐漸好轉；而嬰童用品的F-東凌（2924）以「黃色小鴨」為品牌，經營全球嬰童用品市場，目前在全中國有三百四十四家專櫃門市，來自中國營收比重近八成，並且「黃色小鴨」已在中國七個網購平台上線，搶攻中國電子商務市場，後續在品牌知名度提升及政策放寬下，業績將持續成長。

中國新生兒人數增加，存放臍帶血的人數也會隨之增加，臍帶血銀行訊聯（1784）多年前曾取得中國的臍帶血營運許可，跨入中國臍帶血儲存市場，後來因政策停滯而暫時中止，後續也有機會重起運作。而加捷（4109）也積極在中國布局幹細胞市場，未來發展也具想像空間。

1分鐘選股指南

一胎化政策鬆綁概念股

奶粉	生達（1720）、友華（4120）、杏輝（1734）
衛生用品（紙尿布、濕紙巾）	康那香（9919）、南六（6504）
嬰童用品	麗嬰房（2911）、F-東凌（2924）
臍帶血	訊聯（1784）、加捷（4109）

58 「美麗中國」政策推升環保商機，台股中何者錢景看好？

汙染一直是經濟發展中難以迴避的議題，如何在環保及開發中維持平衡，成為各國官方努力的目標，中國政府也不例外。中國的環境汙染問題，隨著經濟起飛及城鎮化後日益嚴重，也讓中國在十八大會議首度提出「美麗中國」概念，內容闡述了面對環境汙染嚴重、生態系統退化的嚴峻形勢下，將把生態文明提升至與經濟、社會建設相當的戰略地位，以建設美麗中國，而這對已打進中國環保市場及簽定顧問約間接經營的業者都有實質助益。

美麗中國概念涵蓋範圍廣泛，包括再生資源回收、植被保護、防風固沙、空汙排廢和海水淡化、汙水回收處理等領域。根據中國已公布的主要環保政策來看，目前相關投資的重點有三：第一項是城鎮汙水處理及再生回收利用，包括汙水處理廠新建預計投資一〇四〇億元人民幣，汙水處理廠改造預計投資一三七億元人民幣，汙水回收處理預計投資三〇四億元人民幣；第二項則是城市生活垃圾處理設施建設，預計投資二六三六億元人民幣；第三項則是

環境監測，預計投資七〇〇億元人民幣，其中以城市生活垃圾處理設施建設的投資金額，成長幅度達二〇五％最為可觀。

中國每年產生逾二十五億噸的垃圾，多數都以掩埋方式處理，掩埋容易對水質及土壤形成二次汙染，且需要消耗不少土地資源，造成現有的掩埋場已不敷使用；為了處理與日俱增的垃圾，並將垃圾無害化，且做有效利用，處理量大、速度快、占地面積小的垃圾焚燒成了最有效的方式，它不僅能達到垃圾無害化、減量化的目的，同時也能利用回收到的熱能進行供熱、供電，達到一舉數得的目標。因此，中國政府希望在十二五計畫期間，至少增加一百座焚化爐，提高垃圾焚化比重至五〇％以上，這對在焚化爐經營有多年經驗的廠商有利。

廢棄物及焚化爐營運商——崑鼎（6803），不僅拿下澳門焚化爐經營權，也積極進軍中國，除了在廣州與廣日集團合資設立廣鼎，目前也與上海市政府洽談合作設立焚化爐，後續在中國城鎮化商機下，可望拿下更多中國城市的焚化爐管理業務，營運前景看好；有毒廢棄物處理大廠——可寧衛（8422），擁有將有害事業廢棄物固化處理的技術，在中國蘇州新成立的廢棄物固化及掩埋場將於二〇一四年下半年投入營運，也可望受惠；而中鋼集團的中聯資（9930）切入資源再生利用領域多時，後續在環保意識抬頭下，營運也有想像空間。

工業興起，伴隨而來的廢棄物日益複雜，讓廢料回收業也成為焦點。電子廢棄物回收處理的佳龍（9955），旗下蘇州廠擁有中國資源回收執照，近年積極布局中國，往華北及華南市場拓展版圖；金屬回收處理的金益鼎（8390）在中國耕耘多時，旗下天津泰鼎擁有天津市電子廢棄物類之危險廢物經營許可證，也搭上這波環保趨勢；受惠中國官方積極力促再生材質政策，F-再生（1337）利用廢塑料回收做成塑膠粒，再發泡成ＥＶＡ，製成各種發泡產品，也具環保回收概念；而晟楠（3631）於中國江西吉安設有金屬回收廠及金屬提煉廠，並取得中國第一張全國性的外資環保證，未來在資源回收業務上將持續發酵，業績也可望加溫；另外，生產環保材料聚乳酸（ＰＬＡ）容器產品的偉盟（8925），也積極搶攻中國環保包材市場，未來前景也值得追蹤。

水資源缺乏持續，相關官員更表示逾四百座中國境內城市面臨缺水問題，《看懂新聞學會避開風險，精準命中投資標的》第四章第十七單元中，已對此做過探討，而除了當時提及的國統（8936）、中宇（1535）、康那香（9919）、千附（8383）外，水處理的鉅邁（8435）近年積極發展中國石化製程水處理業務，持續搶攻中國汙水處理市場；聯環（911610）擁有膜生物反應器（Membrane Bioreactor，ＭＢＲ）技術，近年也積極開發中國汙水處理市場，營運也可望受惠；德昌（5511）轉投資的德鎮盛環保工程也切入汙水處理領域，後續隨著德昌進軍中國市場，也具想像空間。

中國空氣汙染嚴重，英國《金融時報》（*Financial Times*）更曾用「空氣末日」（Airpocalypse）來形容北京的天氣，也逼得官方祭出多項措施來對抗空汙。程控工程的巨路（6192）切入環境監測領域多時，在空氣排放趨嚴下，營運可望受惠；而中國開始規定重型卡車的排放標準，這對於博世（Bosch）柴油共軌系統銷售有利，宇隆（2233）供應博世柴油共軌系統精密金屬零件，業績也將隨之成長，值得鎖定。

1分鐘選股指南

美麗中國——環保回收概念股

有害廢棄物處理	可寧衛（8422）、中聯資（9930）
焚化爐興建	崑鼎（6803）
環保容器	偉盟（8925）
廢棄材料回收	F-再生（1337）、金益鼎（8390）、佳龍（9955）、晟楠（3631）
水資源與汙水處理	中宇（1535）、鉅邁（8435）、國統（8936）、力麒（5512）、聯環（911610）、康那香（9919）、德昌（5511）
海水淡化	千附（8383）
工業汙染處理	巨路（6192）
汽車排廢處理	宇隆（2233）

第 5 章

一網打盡
14個企業策略效應

59 企業遞延出貨是好是壞？投資人該如何研判與運用？

在企業經營中，從接單、生產到出貨，進而產生營收及獲利，當中的每個過程都需要時間，而只要其中一個環節出了問題，對營收及獲利就會產生影響。

「遞延出貨」一直是每月十日各上市櫃公司公布營收時，企業經常用來解釋當月業績波動的原因，像「A公司產品出貨遞延，營收下滑！」「客戶拉貨遞延，B公司營收月衰退！」「訂單遞延出貨，C公司業績動能恐受壓抑！」「遞延出貨墊高基期，D公司營收較上月衰退！」「E公司當月營收因遞延訂單挹注衝高！」等說法皆有。

舉例來說，原先X公司每個月平均出貨約二．五億元，而預計十月分要出貨的訂單金額有三億元，結果在十月當中受到某些（天災、人為）因素影響，無法順利出貨，導致原本該出貨的三億元目標無法達成，僅出貨二億元，這時中間落差的一億元即是被遞延的出貨；這時由於該月營收較原本市場預估的數字少了超過三成，由大家預估的三億元，變為不如平均值的二億元，這種情況通常會引發失望性的賣壓，原先由於看好營收表現而買進的投資人反手賣出，反應在股價上，就是出現大幅度的修正，對短線股價走勢不利。

一般而言，除了熟悉該公司營運的內部人士，以及專業投資機構之外，投資人不易提前知悉一間公司的營收狀況，但是對於每月公布的營收數字，與上個月相比呈現成長或衰退、與去年同期呈現成長或衰退，卻是每個人都可以善加運用的資料。當一間公司發生遞延出貨，導致營收不如預期的情況時，投資人要做的即是先檢視遞延出貨的原因，研判對於企業營運的影響程度以及時間長短。

造成遞延出貨的因素相當多，如颱風侵台造成部分工程受創，導致相關建材被迫將產品出貨的時間遞延；受地震影響，零組件無法正常供應，造成出貨遞延；某科技產品上市計畫延後，導致供應鏈出貨全面遞延；某科技產品零組件良率不佳，出貨不順，致使供應鏈出貨遞延；技術障礙待突破，某產品出貨遞延，衝擊供應鏈；某科技產品市場接受度不如預期，導致出貨遞延；新產品認證時間拉長，使得出貨遞延等，有天災因素、也有人為因素。

然而對於投資人而言，企業營收衰退是事實，但既然是出貨遞延，則被遞延的訂單何時能夠出貨，什麼時候企業的營運能回到正常的水準，就成了觀察的關鍵。

以前例來看，中間落差的一億元，X公司能否在十一月迅速出貨就成了觀察重點。若是十一月X公司的營收能繳出三．五億元以上的成績，即是月均值二．五億元加上一億元遞延出貨的營收金額，表示上個月被遞延的出貨金額，這個月就能迅速補上，初步即可研判營運已回到成長軌道；這時若是先前X公司的股價已經出現相當幅度的修正，所處位置相對低檔，則股價就會有向上表現的空間。

反之，如果到了十一月甚至十二月，X公司每月營收仍然只繳出約二．五億元的成績，顯示被遞延訂單仍無法順利出貨，營運動能仍被壓抑，股價就容易陷入整理。

若是導致出貨遞延的因素，並非短期內能克服，像重要客戶的新產品推出時程向後遞延，這時對相關供應鏈的影響程度，就會隨著推出時程遞延而擴大。以二〇一三年為例，由於全球消費電子品牌大廠蘋果的產品新舊交替，新產品遞延到下半年才亮相，上半年對台灣零組件廠的拉貨減少，相關供應鏈的營運就受到衝擊，股價也陷入一個季度的整理，直到下半年新產品亮相，業績才漸入佳境。

實務上，當一家公司遇到訂單遞延出貨時，當月營收難免受到影響，重點在於被遞延的訂單何時出貨，進而挹注營收，讓未來某月分營收出現明顯成長，才是該關注的焦點。根據歷史經驗，只要該公司的股價已提前修正，然後配合造成遞延出貨的問題解決，單月營收的月增率及年增率能明顯提升，股價就有機會向上表態，後市值得留意。

另外，遞延訂單出貨，單月營收大幅成長後的隔月分也是觀察焦點。再以前例來看，當X公司十一月倘若真的交出了三．五億元的營收，但隔月分又回到二．五億元的平均值，則顯示遞延出貨屬於一次性的出貨；倘若X公司隔月分營收能維持三億元以上的水準，即代表該公司營運又進一步成長，後市表現就值得期待。

1分鐘 選股指南

產品遞延出貨的投資策略

1. 觀察遞延出貨的原因，屬於短期或長期？
2. 出貨遞延問題何時能解決，被遞延的訂單何時能重新出貨？
3. 觀察股價位置是高基期或低基期？若股價未修正即是市場仍看好，短期未賣出。
4. 若股價已修正，則列入追蹤，後續當被遞延訂單出貨時，股價即有機會向上表態。

60 重複下單現象，導致產品報價鬆動，投資人如何因應？

「重複下單＋競價，驅動IC廠成長動能有壓！」「重複下單！NAND Flash價格已鬆動。」「手機廠重複下單未爆彈浮現，供應鏈憂心砍單悲劇重演！」「面板客戶恐重複下單！筆電出貨量衰退，ODM重複下單至少二〇%！」「先進製程缺口大，無重複下單！」「LED市場需求不弱，但仍需提防重複下單！」

「重複下單」（Overbooking），是一個在產業新聞中時常出現的詞彙，簡單來說，就是預訂過多，超額預訂的意思。

為什麼會發生重複下單的情形呢？通常與廠商的預期心理有關。一般而言，每個業者為了確保銷售機會不要流失，往往會準備比預期銷售額還要多的商品庫存來因應，因為把東西賣完並非最佳策略，設法滿足最大需求、創造最大營收及利潤才是。

舉例來說，每逢中元普渡時，各個賣場都會大量囤積泡麵與餅乾之類的商品，以因應民眾的採購需求，假設一箱N商品五百元，賣場只進一百箱當然容易賣完，但就營收來看，卻僅有五萬元；若還有民眾要購買N商品，就必須等待下一次進貨或轉往其他店家。因此賣場為了不要錯過銷售機會，可能會進貨N商品三百箱，以滿足消費者需求並增加營收。以前例來看，若賣了兩百五十箱，就算還有五十箱的庫存，整體營收卻來到十二萬五千元，較進貨一百箱而全部賣完的營收來得高，這就是適度增加下單量所帶來的正面效應。

影響廠商的預期心理，進而影響下單決策的因素有二：首先是預期供給減少，再來是預期需求增加。

在正常情況下，生產者的產能是穩定的，供給不易大幅波動，只有像市場出現原料供給短缺、零組件供貨出狀況時，才會影響生產者的供給，進而讓下游業者擔心原料供給不足，而擴大下單量。

舉例來說，當中東的石化廠爆炸時，市場就會擔心塑化原料是否未來供貨會出問題，進而調漲售價，於是各家下游塑化業者通常就會增加下單量，以確保未來的原料供給無虞。

同樣的情況也發生在先前日本三一一大地震發生時，許多業者擔心供應關鍵元件及化學品的日本廠商產能受到影響，進而影響未來供貨，於是紛紛提前下單給日本業者。

第二個因素是預期需求增加，當有新應用帶動新需求時，通常需求增加的速度相當快，像是蘋果的iPhone及iPad帶起全球科技產品對於觸控面板的需求，由於擴充產能的速度緩不濟急，有的需要三至六個月，有的從規畫到完成甚至長達一年，無法跟上短期需求增加的速度；因此，下游客戶為了確保拿到觸控面板，不僅會積極下單，也會適度地調漲訂單價格，來確保貨源穩定。

原則上，這皆有助於企業的營運，只是在產業鏈中，並非只有一家業者會增加訂單量，一旦每個環節都略微提高了訂單量，結果需求卻不如預期時，重複下單就會變成產業的噩夢——產業不是供過於求，就是相關業者被抽掉訂單，頓時便增加許多庫存要消化。

舉例來說，當手機銷售據點預期某款手機的銷售可望創下佳績時，適度地拉高備貨量二成；而各個銷售據點的數據回報到經銷商時，中游經銷商看到數據表現佳，也會順勢再度提高備貨量二成；而到了上游製造商，看到中游經銷商備貨積極，也會增加自家工廠的生產量，或是增加代工廠的代工訂單二成；而為了因應這些訂單，代工廠或製造廠也會進一步向零組件及元件廠增加訂單；而零組件及元件廠看到市況升溫，也跟著增加產能二成。

超額的備貨量來自於看好該款手機的銷售成績，若是該款手機果真如預期中熱賣，則多出來的備貨量通常能順利地被去化，相關供應鏈的業績也會表現亮眼，股價也有機會向上表態；只是當該款手機一旦銷售不如預期時，先前過度預期所準備的備貨量，就會成為相關業者的庫存，需要時間進行去化，這會影響接下來一段時間該款手機供應鏈的營運。

重複下單後銷售卻不如預期，結果就是客戶手上的庫存也不低，後續不僅不會急著下新的訂單，甚至有可能把還沒出貨的訂單取消，甚至降價求售，這都會影響到相關企業的營運，也會衝擊到股價的後市表現。**實務上，一旦確認有重複下單的情形，暫先避開相關概念股才是上策。**

1分鐘選股指南

重複下單的因應方式

重複下單定義：當預期供給減少或需求增加時，廠商為了備貨，而超額下單的現象。

重複下單應對策略：通常市場以利空來解讀，重點為確認是否真的出現重複下單的情形，以及終端產品的銷售狀況，來決定是否出脫相關供應鏈的持股。

61 當某個產業面臨產能過剩，相關個股能不能碰？

「中國產能過剩，拖累台灣出口動能！」「產能過剩拖累美國經濟！」「產能過剩，中國太陽能市場淪鬼城！」「抑產能過剩，陸鎖定五大行業！」

以上的新聞標題皆提到了「產能過剩」，這裡的產能指的是生產能力，也就是一個工人、機器、工作中心、工廠或組織的產出能力。一般而言，一個產業的供給略大於需求是正常現象，通常是為了防止錯過銷售機會，或是防範意外出現所建立的庫存，這種產能略為過剩的現象，反而有利於產業的良性發展。事實上，市場真正關心的「產能過剩」，指的是總供給不正常地大幅超越總需求的現象。

產能過剩是一個相對的概念，不能單看總產出，更重要的是總需求，只是市場需求通常難以估計，當一個產業景氣大好時，許多廠商都會相繼擴充產能，甚至原本從事其他行業的企業，也會想跨入該產業的經營，分食市場大餅。像太陽能、LED、面板、DRAM、鋼鐵、水泥產業等，都曾在相關廠商瘋狂擴產下，出現產能過剩的情形，最後只好被迫殺價競爭、採取低價搶單，造成產品報價大幅下跌，相關企業獲利能力大幅衰退，甚至有部分企業出現虧損，財務體質大幅惡化，產業進入惡性競爭——這往往是各國政府最不樂見的情形。

以中國為例，近年就積極淘汰落後產能，希望控制總供給量，只是由於新增產能的速度，仍遠大於淘汰落後產能的速度，所以許多產業即使在宏觀調控下，還是持續產能過剩。

常見的產能過剩現象，包括產品庫存持續上升，市場銷售卻呈現停滯；產品價格大幅下滑，已經一段時間處於生產成本之下；產業中多數企業出現虧損，被迫增資或舉債經營；一部分企業相繼倒閉或宣布破產等。而會出現前述的現象，往往是業者錯估情勢，高估市場需求，大家都依照原訂計畫擴廠與增加產能的結果，卻發生市場需求不如預期的情形。

舉例來說，當A產品需求增溫時，生產A產品的X、Y、Z公司看好A產品的發展前景，紛紛決定擴充產能，X公司由月產能二十五萬個增加到五十萬個，Y公司由月產能二十萬個增加到四十萬個，Z公司由月產能十五萬個增加到三十萬個。而原先並非生產A產品的R公司，也決定跨入A產品的生產，開出十萬個月產能，結果A產品的月產能便由每月六十萬個，暴增至一百三十萬個。若是未來A產品需求並未如預期來到一百三十萬個以上，可能僅有八十到九十萬個時，X、Y、Z及R公司所生產的A產品就出現了產能過剩的情形，這時若沒有新應用來帶動需求，一場產業的惡性循環將由此展開。

觀察出現產能過剩的產業時，撇開新應用帶動的需求不談，若專注於供給面的探討，究竟各家廠商之間有無「減產共識」，就成了市況能否反轉的關鍵。

所謂減產共識，就是大家約定在一定時間內，共同減少產能。以前述為例，X、Y、Z及R公司若能經過協議，共同在三個月內將已經擴充的產能一起減少三成，即將月產能由一百三十萬個降至九十萬個附近時，初步就能讓產品報價不再下滑；而市場在經過一段時間，減產效應慢慢顯見下，供需就會逐漸趨於平衡，市況也能恢復正常。這時若相關企業的股價已經出現一波修正，處於相對低檔區，隨著營運狀況走出谷底，緩步回溫，股價也有機會出現一波反彈。

以DRAM產業為例，在台系廠商一系列減產行動，加上韓廠逐漸降低標準型DRAM產量下，讓DRAM的供需逐漸趨於平衡，DRAM的報價也出現止跌回穩，甚至出現上漲，替美光代工DRAM的華亞科（3474），股價就出現一波漲勢。

萬一相關業者未能達成「減產共識」，產業的劇烈競爭就會持續下去，這時財務體質較差的企業一旦經營不善，出現倒閉及破產的狀況時，市場供給就會隨著該企業的產能退出而自然減少，產能過剩的情況也能改善。

以前述為例，若是擴產之後的Y公司破產，不再生產A產品，則市場上A產品的總供給量由於Y公司的退出，由一百三十萬個降至九十萬個，那麼不用透過共同減產，也能達到降低供給的效果。

實務上，對於產能過剩的產業，投資人應先避開爲宜，然後觀察該產業是否出現供給減少或新應用帶動需求升溫的訊號，進而讓報價止跌回穩：若有相關正面訊號，再進一步尋找體質相對健全、營運回溫的公司介入即可。

1分鐘選股指南

產能過剩的產業觀察重點

產能過剩定義：市場的供給不正常地大幅超越總需求的現象，通常以利空解讀。

產能過剩應對策略：

1. 產業供需未出現改善訊號前，避開為宜，不宜投資。
2. 當供給減少，報價止跌回穩時，尋求體質相對健全、營運回溫的公司介入。

62 新產品帶動換機熱潮，有哪些市場變化值得觀察？

「大尺寸電視帶動年底換機熱潮！」「MP3音樂手機引爆換機熱潮！」「Win 7換機熱潮可期！」「Win 8硬體要求降低，換機熱潮恐落空！」「手機廠商加緊腳步，欲趕上年底換機熱潮！」「PC、手機汰舊換新，換機熱潮將驅動半導體市場成長！」「返校換機熱潮期待落空！」

「換機熱潮」，是個經常受到投資人期待，卻又常讓投資人失望的名詞。所謂換機熱潮，通常是由於新科技的出現帶來新應用，而這項新應用獲得市場認同後，所推出的新產品吸引民眾購買，進而產生的一股熱潮。

隨著資訊發達，技術不斷進步，新產品不停地推出，並且更新的速度也愈來愈快，換機熱潮一直是科技產業每年的大事。如微軟的作業系統Win 95、Win 2000、Win XP的換機熱潮中，由於每項新版的作業系統對於硬體的要求提升，民眾為了使用流暢，也順勢更換硬體設備，使整個PC產業的需求有相當大的成長，也帶動了相關業者的業績向上。電視也是一樣的邏輯，從過去的映像管電視，到液晶電視的換機熱潮，就帶動了面板及面板零組件的需求增溫，相關供應鏈的營運也受惠。

只是，並非每一項新產品都能獲得消費者認同，近年來微軟發表的新作業系統Win 7、Win 8，由於功能沒有強大到使用者非換不可，所以也無須更換硬體設備，換新機的效果似乎不明顯，也讓PC市場成長趨緩。

電視亦然，當多數人家裡已經換成液晶電視之後，後來再推出的大尺寸電視、高解析度電視等，似乎並不會提升民眾換新機的意願，直到相關業者為了刺激換機意願，調降產品售價，並且推出多項促銷方案，市況才慢慢出現起色。

在《看懂新聞學會避開風險，精準命中投資標的》中，我們曾提及「殺手級應用」一詞，只有真正的殺手級應用才會讓民眾願意掏錢購買；換句話說，「換機熱潮」能否成功，就看這項產品或是服務能否符合大多數消費者的需求，進而形成殺手級應用。不過它不一定要是無中生有的新產品，也可以是改良現有產品、加入新功能的新一代產品，讓人們使用起來更為便利，也能產生換機潮。

一項成功的換機熱潮，將帶來可觀的商機。過去手機市場以功能型手機為主，但是根據國際數據公司（ＩＤＣ）二〇一三年第一季的最新統計數字，全球智慧型手機出貨數量已首度超過功能型手機，比重來到五一．六％，顯示手機不再只是用來撥電話和傳送文字簡訊，消費者更希望口袋中有台行動裝置，能夠上網、玩遊戲、拍照、執行應用軟體等。這樣的趨勢改變，帶動了由功能型手機換成智慧型手機的熱潮，全球手機市場大幅轉變，過去在功能型手機市場叱吒一時的諾基亞及摩托羅拉式微，反而由蘋果、三星等成為新霸主，這當中也出現了許多手機元件及零組件的受惠廠商，業績都因此受益。

觀察換機熱潮，首先是先看新產品究竟會不會吸引人「換」，有什麼讓消費者非換不可的理由，抑或只是廠商為了銷售所塑造出來的氛圍。以前述的功能型手機換成智慧型手機來說，就讓民眾的生活更為便利，也才能吸引許多民眾「換」手機，像近年換機不明顯的電視及電腦，就在於業者無法推出吸引人的新功能來刺激民眾更換。

此外，通常「價格」也是一個換機的重要因素，一個具有破壞性的低價，往往能吸引更多人願意試著更換新產品，投資人在研判時不妨以自身角度出發，試問自己會不會更換新機種，當作投資時的參考。

換機熱潮的效應可分為產品或服務推出前，以及產品或服務推出後。在產品或服務推出前，由於市場對於新一代商品多少有所期待，加上媒體宣傳報導，以及養成的固定粉絲群，通常在上市時總有一定的銷售額，所以供應鏈在正式出貨前的二到三個月都會有訂單挹注，初期業績也會增溫，股價也會出現走揚；真正成敗關鍵在於後續的銷售力道能否延續，若銷售熱度能延續下去，股價還會持續走高。

反之，若是新品與前一代產品沒有太大的區別，沒有讓人非買不可，則上市三個月後，銷售就容易趨緩，這時換機熱潮落空的可能性就提高，要提防失望性賣壓出籠，反應在股價上，很可能就會因此出現一波修正。

1分鐘選股指南

換機熱潮的市況觀察重點

換機熱潮定義：全新產品或是改良後的新一代商品推出，獲得市場好評，進而銷售表現亮眼，帶動相關供應鏈業績全面走揚的現象。

換機熱潮投資要點：先觀察全新產品或新一代商品的市場接受度，尤其在上市之後，確認實際的銷售狀況，若市況反應佳，則相關供應鏈的股價容易再漲一波；反之，若市況反應不佳，則相關供應鏈的股價容易出現一波修正。

63 面對市場拉貨需求，有哪些獲利機會值得掌握？

「十一拉貨需求影響，面板報價跌勢將趨緩！」「電子新品拉貨需求可期！」「LED未見拉貨需求，後續恐遭砍單！」「IC通路商營運表現，看年底春節拉貨需求！」「終端需求回溫下，筆電資訊板產品拉貨需求強勁！」

所謂的「拉貨需求」，簡單來說就是下游業者預期後續產品銷售可望增溫，為了不要錯過銷售機會，向中上游業者下訂單，訂購新的商品，以增加庫存水位所產生的一系列需求，而這些需求的相關訂單能夠挹注供應鏈業者的業績成長。因此，究竟有沒有「拉貨需求」出現？一直是許多投資人關心的議題。

一般而言，拉貨需求可分為兩種，一種是「定期」的需求，另一種是「不定期」的需求。前者由於時程固定，多與重要的消費季節有關，所以多數都照一定的規律進行，像是每年一到二月的春節，是全球華人最重要的節日，許多採購活動都在此時展開，各個商家為了滿足消費者的需求，都會提前一到兩個月準備商品庫存，以因應春節期間的銷售，這時從前一年度的十二月開始，就會有來自下游經銷商的訂單湧入，而上游製造商的業績就會提升。至於供應原物料的相關廠商，可能從前一年度的十一月開始，就會陸續接獲相關訂單，業績也會增溫。

同樣的情況也發生在聖誕節，尤其近年來，科技產品成為送禮的主流，為了滿足這些送禮的需求，下游的經銷商也會跟上游拉貨，而製造商為了製造更多的產品，也會向元件及原物料業者下訂單。因此，聖誕節的需求影響第四季電子產業供應鏈的業績甚深，而由於提前準備這些商品的關係，每年十月開始，相關供應鏈的營運就會緩步向上，一些與聖誕新品連結度高的公司，業績更是明顯成長。以二〇一二年聖誕節為例，Nexus 7、Kindle Fire和蘋果 iPad mini為主的七吋的平板電腦成為熱賣商品，相關供應鏈的個股如華碩（2357）、和碩（4938）業績都出現走揚。

常見的拉貨需求時間點，還有中國的十一長假以及每年九月開學的返校季節等，這些每年定期的需求好壞，都影響著相關供應鏈的營運。尤其近年來中國經濟崛起，對於科技產品的需求增溫，無論電視或手機都有一定的採購量，而提前備貨的拉貨需求，也帶動了許多供應鏈業績成長，像是每年十一長假前就常是手機晶片的拉貨旺季，手機晶片大廠聯發科

（2454）的業績也往往能出現成長。

不定期的拉貨需求多與新產品發表、市場的突發事件有關。如果A公司發表了一款新產品，由於這項新產品頗受市場好評，大家都預期上市之後會有不錯的成績，因此，製造商在備貨上採取較為樂觀的態度來準備庫存，下單上就較為積極，這時這款新產品供應鏈的業績，往往就會提前出現不錯的表現。

以前例來看，假設A公司的新產品發表之後，預計九月正式上市，通常八月製造商的業績就會穩健提升，而七月起相關零組件及元件廠的業績就會率先走揚；而反應在股價上，相關業者的股價就會隨著七、八月業績公布而提前走揚，直到九月正式上市之後，視市場的實際銷售狀況再決定後續走勢。

再來是突發事件對市況產生影響，造成下游廠商改變拉貨策略，也會造成市場需求的轉變。舉例來說，當景氣不佳時，下游經銷商由於感受到市況不佳，因此往往會減少下單量，以降低庫存水位，這時經過一段時間的消化之後，只要市況略微回溫，下游廠商發現產業能見度轉佳時，為了趕快回補先前降低的庫存水位，就會出現所謂的急單拉貨需求，而這個「出乎意料」的需求，不僅事先無法預期，而且後續效應有多大也暫時難以預估，所以值得列入追蹤，一旦需求的數量優於預期，則相關個股的股價往往也會出現一波意外的漲勢。

實務上，每年定期的拉貨需求及新產品發表後可預期的拉貨需求，由於可事先規畫，因此只要相關供應鏈的股價處於低基期，就可列入觀察，後續只要沒有利空導致需求減緩，股價就有機會出現漲升；真正值得注意的是意外的拉貨需求，像前述的急單回補庫存，由於無法事先預期，市場一旦有看好拉貨需求的資金進場時，股價時常會出現一波意外的漲勢，最值得投資人列入鎖定。

1分鐘選股指南

值得鎖定的拉貨需求狀況

拉貨需求定義：下游經銷商為了拉高商品庫存，向上游製造端下訂單，所產生的需求。

拉貨需求的布局策略：

1. 定期的拉貨需求（如聖誕節），趁著拉貨效應顯現前，逢低布局相關供應鏈。
2. 不定期的拉貨需求（如新產品發表），趁著上市銷售前，逢低布局相關供應鏈。
3. 意外的拉貨需求（急單效應），觀察急單持續力道，切入相關供應鏈。

64 企業庫存調整，供應鏈業績受影響，何時適合進場？

「供應鏈調整庫存，A公司營收季減八%至九%！」「中國液晶電視庫存調整成效漸現！」「第三季驅動IC進入庫存調整周期！」「面板廠年底前可能進一步庫存調整！」「油價暴漲暴跌，塑化廠庫存調整的難度增高！」「手機產業面臨舊產品庫存調整！」「終端產品銷售不如預期，電子業者持續庫存調整！」

在企業營運中，庫存調整是許多企業都會面臨到的問題，從自身的庫存水位高低，到客戶庫存的多寡，都會影響著未來企業的營運，以及獲利的表現。

我們前面曾多次提過，合理的庫存是為了不要錯失銷售機會，讓客戶要購買商品時，能夠順利出貨，不用怕沒有貨品能提供，進而錯過商機。

《看懂新聞2：剖析關鍵數字，聰明掌握進出場時機》中曾提及「存貨周轉率」的概念，存貨周轉率愈高，代表存貨周轉天數低，庫存愈低；而存貨周轉率愈低，代表存貨周轉天數高，庫存愈高。積壓存貨就等於營運資金被積壓，若是產品屬於原物料還好，後續只要景氣翻揚，仍有機會銷售出去；萬一產品是一些生命周期較短的商品，如智慧型手機、筆電、平板電腦等，在各大廠新品持續推出下，若不能在短期銷售出去，後續會衍生產品過時，面臨淘汰與報廢等問題。所以對科技產業而言，「庫存調整」往往代表著利空，對於企業後續一段時間的營運不利。

許多電子業者曾表示「庫存消化調整」是每一家廠商既有的壓力，這是由於市場過於複雜，變數過多難以預估的緣故。企業生產商品的目的是為了銷售，而要生產多少商品，則視有多少訂單而定；而對終端品牌業者而言，則是看目標市場的經濟情況、當地的消費力而定。既然是預估，就不易完全正確，一旦存貨情形與實際銷售產生落差，就必須盡速調整，以防庫存品的生命周期結束。

舉例來說，A企業依照市場現況，以及預估市場未來情況，決定本季生產五百萬支X手機來銷售，於是A企業向組裝代工的B企業下訂單；B企業得到這筆訂單後，開始備料生產，接著出貨給A企業，A企業也開始銷售X手機；只是一段時間過後，A企業發現X手機的銷售區域，由於經濟情勢不佳影響，民眾消費力降低，原先預計銷售的五百萬支X手機，只賣出了三百五十萬支，庫存仍有一百五十萬支，這時當進入下一個季度時，A企業就會將當地消費力減弱、庫存仍有一百五十萬支手機的現況納入評估，這時可能以消化庫存為優先，只向B企業再下三百萬支X手機的訂單。這時B企業承接A企業的訂單量，便比上一季減少了兩百萬支，業績自然也受到衝擊。

在前述案例中，B企業的客戶是A企業，A企業產品銷售不佳，業績下滑時，就會調整庫存，進而影響到B企業；以股價上來觀察，這時往往A、B企業的股價都會先向下修正，直到庫存調整近尾聲為止。因此，投資人可觀察A企業存貨周轉天數的變化，與過去幾季或去年同期相比，若存貨周轉天數高於季節性水準，如過去正常是八十天，這時卻升高到一百天，則A企業的庫存調整仍將持續，一邊減少訂貨，一邊消化庫存，直到存貨周轉天數下降至八十天附近為止。

投資人可觀察A企業的存貨周轉天數何時開始反轉上升，來檢驗這一波庫存調整結束與否：因爲這代表A企業評估調整後的庫存水位已趨於合理，要開始準備重新備貨。那麼，A企業向B企業下訂單的數量又將開始增溫，對於B企業以及X手機相關供應鏈的後續業績，都會有所助益。

只是需留意庫存調整結束時，X手機的規格是否仍符合市場潮流，或是A企業自身又推出新一代Y手機來取代X手機。若X手機已經過時，則投資的重心要擺在新一代Y手機的供應鏈上，而由於組裝代工大廠與品牌手機廠已合作多時，通常雙方都有一定的默契，因此，往往A企業推出新一代Y手機時，也會把訂單給B企業來組裝代工。

所以，當A企業調整庫存結束，重新拉高庫存時，對於B企業為首的相關供應鏈有利，後續業績都可望出現回溫，股價若是先前已經過一波修正，常有機會出現一波彈升，後市值得留意。另外，若有打入Y手機供應鏈的全新業者，等於其業績可望出現進一步成長，後續營運也值得列入追蹤。

1分鐘選股指南

庫存調整時的投資考量

庫存調整定義：企業對市況過於樂觀，先前備貨過多，未能順利銷售去化時，對於上游減少下訂單，以讓原先的備貨盡速去化的現象。

庫存調整應對策略：避開庫存剛剛展開調整的企業，而追蹤庫存調整近尾聲、且股價經過修正的企業，鎖定其相關供應鏈，一旦業績回升，就可逢低切入。

65 產業殺價競爭劇烈，該遵循哪些選股邏輯？

市場淪為殺價競爭，LED產業掀起整頓風！」「太陽能殺價競爭年代已過！」「原物料暴漲暴跌，加上殺價競爭難轉嫁，企業競爭面臨挑戰！」「DRAM廠不再殺價競爭！」「蘋果創新價值，力抗科技業殺價競爭！」「低價搶單策略衝擊台廠！」「兩岸競合，陸廠砍價搶單，代工殺向紅海！」

在企業經營過程中，只要一個產業前景看好，產品需求可期，通常會吸引許多業者爭相跨入該產業，而積極擴充產能的結果，往往造成市場供給大於需求，這時各大企業為了在有限的需求下搶奪訂單，就會展開殺價競爭及低價搶單，這也成為近年來各大企業最常遭遇到的經營問題。

對於客戶而言，面對品質相似的商品（或服務），要選擇向哪一間廠商下訂單，價格高低一直是個重要的考量因素。以採購一千萬個商品（或服務）來計算，若是兩個供應商之間，一個商品（或服務）單價差了〇．五元，一千萬個商品（或服務）就差了五百萬元，若是採購的數量進一步放大，相差的金額就會更大，因此，若選擇價格較低的商品，能夠節省更多的生產成本，便對採購方有利，所以大多數的客戶都會下訂單給商品品質相似，但報價最低的生產者。

對於生產者而言，由於客戶多以價格來決定下單對象，因此，如何壓低產品價格，與市場上的同業競爭，進而拉高市占率，並且從中獲取利潤，便成為企業能否生存下去的關鍵。

降低生產成本的方式很多，像是把工廠遷移至勞力成本、水電價格、稅率較低的區域；運用經營管理策略，提高生產效率等，這些都是生產者降低成本的方式。只要生產成本比同業低，就有能力賣得比對手便宜，卻還能維持獲利，而當同業不堪虧損退出市場時，產品的市場供需才會趨於平衡。

舉例來說，一個市場中，同樣生產Z產品的有M、N、O三間公司，當M公司每生產一個Z產品的成本是三元，N公司每生產一個Z產品的成本是三．五元，O公司每生產一個Z產品的生產成本是四元，而目前Z產品的市價每個約為四．五元。

當M公司為了要擴大市占率，寧願每個Z產品少賺一些，以求賣出更多Z產品時，可能喊出每個產品三．八元的售價，來低價搶單，這時市場價格便由四．五元降到三．八元；

對於N公司來說，由於生產Z產品的成本仍低於三．八元，所以能夠跟進降價，追隨M公司以每個Z產品三．八元來銷售，以確保市占率不流失。

但是對於O公司而言，由於三．八元的產品單價，已經低於O公司的生產成本，等於賣一個賠〇．二元，短期或許還支撐得住，但是一旦時間拉長，O公司可能禁不住虧損，進而宣布破產或倒閉，市場就剩下M、N兩家公司，供需也會慢慢趨於平衡。

對於M公司而言，降價至三．八元，每個產品的獲利雖然少了〇．七元，但是銷售數量很可能由原本的二十萬個，增加至四十萬個（在產能供給無虞下），若以總銷售金額來看，原本是九十萬元，結果增加到一百五十二萬元；獲利由三十萬元，增加到三十二萬元，這就是低價搶單的威力，也是企業生產成本控制得愈低，愈容易在劇烈的產業競爭中勝出之故。

近年來，台商在許多產業上都面臨中國業者的殺價競爭，以低於五％到一〇％的價格來搶市，這個價格的背後，是中國政府為了扶植本土企業壯大，所給予的補貼。舉例而言，中國政府為了鼓勵企業發展新興戰略產業，給予高額的補貼款，地方政府也支援土地、廠房、設備，並且向銀行借款也不用利息，當然這些被扶持的中國企業有能力與台商進行低價搶單，而這正是全球市場的殘酷現實。

當所處產業出現殺價競爭，低價搶單時，許多廠商會以創新或差異化來創造價值，試圖維持價格不墜；只是這個創新成功與否，不是由生產者自行認定，而要觀察消費者的接受度。當生產者進行了一系列的創新，但是消費者仍以價格導向為選購產品的標準時，就代表這些創新未能成功地讓客戶撇開價格因素來選擇產品，產業仍處於低價搶單浪潮之中。

投資時，以先避開這些殺價競爭劇烈、產品報價走跌的產業爲宜，當殺價競爭近尾聲，部分廠商由於不堪虧損，進而退出市場之後，再來評估是否具有投資契機。另外，選擇尚未供過於求的產業也是一個方法。

1分鐘 選股指南

面臨殺價競爭的進場時機

殺價競爭／低價搶單定義：企業為了增加市占率，拿下更多訂單，以較低的產品價格來銷售的現象。

殺價競爭產業觀察邏輯：面對殺價競爭的產業，由於產品報價持續走跌，相關業者獲利被壓縮，甚至有可能出現虧損，因此以先行觀望、避開為宜；等待一段時間過後，有部分企業退出市場，或是該產業不再有殺價競爭現象，並且產品報價回升時，再行介入為宜。

66 原料跌價是否一定有利？有哪些重點需要觀察？

「原料降價，工具機廠毛利率可望優於去年同期！」「訂單滿手，原料降價，相關企業獲利夯！」「原料跌價，相關業者面臨降價壓力！」「原料降價，將帶動毛利回升！」

在《看懂新聞2：剖析關鍵數字，聰明掌握進出場時機》中，我們曾探討過原物料報價走勢對相關業者營運的影響，當時提到產品報價的調漲，通常可分為成本推動或需求拉升，當上游原料漲價時，對生產者而言，由於生產成本墊高，利潤減少，為了確保獲利水平，廠商只好調漲售價，來維持合理的利潤。只是漲價之後，若銷售量無法維持一定水準，即代表漲價無法被消費者接受，這時獲利反而會受到影響；只有下游需求火熱，生產者為了滿足市場，大舉增加原料訂貨，造成原料出現需求增加的報價上漲，後續才值得鎖定。

原料報價有漲有跌，在了解原料漲價誰能受惠之後，接下來我們要來探討，當原料報價下跌時，什麼樣的廠商能夠受惠？

原料報價下跌，通常是來自於生產過剩或是需求減少所致。若是生產過剩造成原料報價下跌，這時由於生產者取得原料的價格變低了，若是銷售量能維持不墜，則這時利差就會擴大，生產者的獲利就會出現明顯成長。

舉例來說，一杯售價一百元的咖啡，若所需的咖啡豆成本約二十元，當國際咖啡豆價格出現明顯下滑，可能所需的咖啡豆成本即降至十五元，這時若該咖啡的售價仍然維持一百元，則咖啡店就多了五元的利潤；而若單日銷售量同樣維持五百杯的話，等於一天就多了兩千五百元的獲利，一個月多了七萬五千元的利潤。

在終端需求不變、產品售價不變下的原料降價，原則上對於企業經營有利，有助於獲利的成長，進而推升股價。只是近年來，隨著企業經營愈來愈國際化，為了降低原料波動所造成的衝擊，適度的原料庫存量，以及在期貨市場建立避險部位，成了多數企業都會採取的動作。因此，當短期價格波動過大時，不一定對企業有利，有時反而容易產生反效果，真正的原料降價效益要等一段時間才會發酵。

當上游原料降價時，初期對於生產者的獲利貢獻其實不會太明顯，要等待陸續去化高價庫存，開始使用降價後的原料時，獲利才會有明顯的成長。

舉例來說，A公司當時以每噸一千美元，買了十噸的W原料來生產商品，當W原料的價格降至每噸八百美元時，A公司若手上還有三噸一千美元的W原料，這時必須先消化掉手上那三噸一千美元的部位，才能開始採用每噸八百美元的W原料，因此原料降價的好處，就不會迅速地顯現。只有當原料持續下跌一段時間，並且出現明顯跌幅時，才會逐漸反映在獲利上。

以前例來看，若W原料由每噸一千美元，降至每噸八百美元之後，再降到每噸六百美元，並且在每噸六百美元附近維持一個季度以上的時間，這時相關廠商才會明顯地受惠。

只是原料降價的好處，企業不一定能完全享有，由於原料報價多數是公開資訊，當上游原料出現一定幅度的降價，以及降價一段時間之後，這時若生產者仍維持原本的售價，沒有出現降價的動作，往往會引起下游經銷商的反彈，開始要求降價，進而對中間的生產者形成一股降價壓力。

由於市場競爭者眾，只要有一家中游生產者開始調降產品售價，相關的中游業者就必須跟進，否則在產品相差無幾的情況下，緊接而來的就是市占率快速流失。因此，當下游出現要求降價的壓力時，往往代表中游生產者最賺的時機已經結束，股價不易再度衝高。

若原料降價的原因是由於終端需求不振，生產者減少對上游原料廠商的訂單量所致，這時通常代表整體市況不佳，這時即使原料出現降價，但在生產出來的商品銷售不易下，多數的生產者都會採取較為保守的經營策略來應對。這時要觀察上游原料業者是否出現減產，以及下游終端需求是否回溫。

若上游原料業者先出現減產，僅能研判為上游廠商不願意原料報價再繼續下跌，所以減少供給所致，這時通常原料報價未來的下跌幅度有限，但能否回升仍需觀察；至於若下游終端需求先出現回溫，則顯示市況出現復甦，這時中游生產者由於擁有低成本原料，後續可望先行受惠，是值得鎖定的標的。

1分鐘 選股指南

原料跌價的進場考量

先觀察原料價格下跌的幅度以及時間，若是報價出現明顯下滑，且持續一段時間，則中游生產者由於高價庫存消化完畢，開始採用低價原料，只要市場需求能維持不墜，則利差就可望放大，獲利就可望成長，股價就可望上揚。

然而當原料降價一段時間之後，下游經銷商往往會要求調降產品售價，這時由於降價壓力將導致產業競爭加劇，通常代表企業營運將走下坡，這時則避開相關個股為宜。

67 企業辦理現金增資，究竟是好是壞？投資人如何研判？

一間企業無論是要擴大經營規模、擴展業務、投資新事業體等，都需要資金。一般而言，增加資本的方式約略分為現金增資、盈餘轉增資、資本公積轉增資，以及可轉換公司債等。

所謂現金增資是以發行股票方式，來增加公司股本與營運所需要的現金。而盈餘轉增資與資本公積轉增資，則是將過去年度所剩餘的盈餘或資本公積，轉換發行股票，依比例配發給公司持股的股東，股東取得新股時無須再另外繳款，也就是市場俗稱的無償配股。至於可轉換公司債，乃是透過附轉換權利的公司債，經由債權人於轉換期間，將債券轉換成股票。

增資的方式眾多，在實務上與股價相關性較高的為「公開銷售的現金增資」。根據規定，目前各上市櫃企業辦理現金增資時，原則上採取核准制，也就是在辦理現增時，必須檢具公開說明書，內容必須說明企業的財務狀況、獲利能力等相關資訊，以及闡述企業取得資金之後將如何運用等，像是用於擴充廠房設備，以增加生產效率；或是擴大營運規模等。還要預估在現增資金到位後，後續可能的獲利能力，向證期局申請核准後，才能夠向市場進行現金增資。

現金增資等於是向市場再次募集資金，對於企業而言，手上的自有資金會增加，在資本結構上，企業的負債比例就會下降，也有資金能進行新的資本支出；只是由於資本額變大了，在獲利水準不變的情況下，等於以每股為計算基礎的EPS就會縮小。

舉例來說，若是企業原先資本額十億元，每年賺三億，等於全年EPS三元，但是若增資了二〇%，資本額增加至十二億，在獲利水準不變下，仍然是賺三億元，則在股本膨脹，獲利被稀釋下，全年EPS由三元下修到二．五元，這時對該企業而言，股價就容易受到獲利的衰退而減少。

所以要避免獲利遭到稀釋的情形發生，最重要的即是增加獲利能力，這也是現金增資的真正目的。以前例來說，一旦該企業增加了二億資本額之後，若是能將這筆資金拿去做有效運用（如擴充產能、增加高效率設備等），以增加獲利，最終讓該企業每年能夠賺到三．六億，則該公司即使股本增加至十二億，但是EPS仍能維持三元，不會被稀釋。若是該企業能夠藉由增資而提升效率，進而每年賺到四．二億元，則EPS將會提升至三．五元，等於這次增資確實得到提升經營效率的成果，這時股價就會隨著獲利提升而上揚。

通常在現金增資時，發行價格會出現折價空間，來吸引市場資金參與現金增資。舉例來說，市價五十元，可能現增定價就在四十四元，這六元的價差就是讓市場有較高意願來繳款，參與該企業所辦理的現增。

根據規定，在現金增資時，如果是採取公開申購配售辦理承銷，其發行價格的訂定，不得低於向主管機關申報案件生效後，董事會決議除權基準日之會議當日前一、三、五個營業日擇一計算之收盤價平均股價的七成。簡單來說，以公開申購配銷方式來辦理現金增資，價格的折價空間存在，但是不會太大。

對於公司經營階層而言，股價愈高，所能夠訂定的發行價格也愈高，之後所募集到的資金才會愈多。因此，以實務上來觀察，確實有不少企業在決議向主管機關申報案件之前，股價容易有一波漲勢出現，投資人可將有意現增的個股列入觀察。

至於一旦決定辦理現金增資後，若是股價跌破現金增資的發行價格，以前例來說，一旦決定現增定價為四十四元之後，萬一股價由五十元跌到四十元，等於只要花四十元就能買到的股票，卻要花四十四元來買，這時就會讓投資人參與現增的意願大減。因此對於該企業的股價而言，就會有所謂的「護盤」現象出現，也就是設法讓股價不要跌破四十四元，以利於現金增資的完成，這也是投資人可注意之處。

只是要提醒投資人，萬一目前市價四十元的股票，市場有人願意以四十四元來參與現增，讓現增得以順利完成，這時反而要去評估是不是這些參與現增的資金，看到了該企業的潛在價值，所以願意以高於市價的金額來參與現增。

另外，對於以公開申購配售所辦理的現金增資新股，由於沒有閉鎖期，只要增資股正式發放之後，就可以在市場上出售，這時股價在賣壓出籠下，短期拉回壓力較大，介入時也須留意。至於另一種私募的現金增資，將留待第七十一篇說明。

1分鐘選股指南

企業現金增資的應對策略

先蒐集有意願辦理現金增資的企業，將其列入追蹤；一旦通過核准，得以現增之後，則可進一步鎖定其股價走勢。

接著，一旦進行現金增資定價後，可將現金增資的定價視為股價的支撐區，下檔不易跌破；最後當現增股出籠之後，由於立即可在市場上出售，需留意短線股價受到賣壓出籠而回檔的風險。

68 減資風潮大起，對於台股將產生哪些影響？

「現金減資熱呼呼，多家陸續登場！」「○○股減資，將停止交易！」「○○股減資，十一月一日停止買賣！」「○○公司完成減資，最快二〇一四年上半年公開發行！」「減資後，○○股十二月一日重新掛牌！」

所謂減資，是指減少公司資本額，使流通在外的股數減少的一項動作。

對於企業而言，營運最重要的就是資本，一切營運都需要資金來運作，上市櫃的好處就是能透過資本市場來取得資金；然而近年來，台股掀起一股減資風潮，不少企業經過多年的股本膨脹後，由於營運發展遇到瓶頸，或是策略錯誤發生虧損，於是透過法定程序將一部分的股東權益，透過此一過程予以消滅，進而達成減少企業資本額，以及改善財務結構的目的。也有部分企業將手中效益不大的過多現金，經由減資退還給股東，以降低股本，進而增加每股獲利。

在《看懂新聞學會避開風險，精準命中投資標的》中，曾提過「庫藏股」的概念，為維護公司信用及股東權益，而辦理註銷股份，進行庫藏股減資，就是市場上常見的減資方式。

首先是減資彌補虧損，這通常發生在虧損情形嚴重的公司上，由於虧損連連導致每股淨值偏低，公司希望藉由減少資本額的方式以彌補累積虧損，來改善公司的財務結構，進而提升淨值。

舉例來說，若A公司由於營運虧損，股價剩下八元，淨值剩下六元，公司決定要減資五〇％；對於持有A公司股票一百張的投資人而言，等於後續換發新股後，手上的持股張數，由一百張減少至五十張，而減資後的參考股價，依照減資日當天的金額直接乘以二倍等於十六元，減資後每股淨值變成十二元，總市值維持八十萬元不變，只是會計形式的變更而已。

通常這一類的減資，由於多數發生在營運前景不佳以及虧損累累的公司上，因此若只是單純減資意義有限，重點在於減資後，是否能伴隨著現金增資，引進新資金，進而為營運找到新出路，帶動業績重回成長軌道。

另一種則是減資並退還現金給股東，通常這一類的企業由於帳上現金不少，短期內又沒有重大的投資計畫（如資本支出或購併等），於是決定以現金方式退還給股東股款。面對現金減資，投資人應先思考是否該企業所處的產業發展已經趨於成熟，未來不易大幅成長，公司預估自身無法將這些資金創造更高的營運績效，才決定返還現金。

假設B公司手上現金充沛，決議減資五〇%，每股並退還五元現金，若B公司股價為三十五元，則B公司減資後的參考買賣價將變為六十元，而持有股數減半；對於投資人而言，這個五元的現金減資，類似於配發現金股利，等於是以三十五元買入，能夠分得五元的現金，只要後續股價在減資之後能超越六十元，就有獲利的機會。

還有一種較少見的減資，是由於公司進行分割所辦理的減資換股，即是原公司辦理分割，將其旗下要獨立營運的一部分或全部的營業，讓予既存或新設的公司，原股東以部分持有原公司股票為對價，取得分割受讓公司的股票，因此原公司股東必須銷除原公司股票的部分股份，故需進行減資換股作業。以當初的華碩為例，一千股的原華碩，就分割減資成一百五十股的新華碩（品牌為主）與四百零四股的和碩（代工為主）。

這類型減資發生的頻率較低，而減資分割後，所分割出來的公司能否進一步維持競爭力仍需觀察，不過若是兩家企業在分割後，由於營運單純化，能夠集中資源來發展事業體，後續能有不錯成績，後市就值得留意；另外，有些公司的減資，則是著眼於稅務或是中國投資上限的考量。

整體而言，減資會讓資本額減少，能讓財報中與資本額相關的數字，如「每股」稅後盈餘、「每股」淨值、股東權益報酬率等，由於分母的減少而拉高，達到美化財報數字的效果。

對於投資人來說，減資只是一種會計形式的變更，重點仍是要回歸到企業營運上；若是企業的產業前景佳，營運處於成長軌道，則當減資後，資本額減少，每股獲利可望提升，對於股價將有助漲效果，後續值得留意。

舉例來說，K公司的資本額十億，每季賺二億，則單季EPS為二元；當K公司減資二〇％，將資本額降至八億時，若每季仍能維持賺二億，則單季EPS就會上升至二．五元，有利於股價表現。反之若是公司營運不佳，即使進行減資，股價後續也難有表現。

1分鐘選股指南

企業減資時的股價影響

先檢視減資類別，是屬於彌補虧損、返還現金，抑或是因為分割而進行減資，其中以「返還現金」較值得留意。

另外，由於減資會讓資本額減少，一旦產業前景看好，且企業營運持續成長，在減資後，只要獲利水準維持不變，每股獲利就會提升，有助於股價上漲，後續值得鎖定。

69 全球吹起企業購併風，如何抓準投資焦點？

近年來，全球由於低利環境，加上企業經營愈來愈國際化，企業之間的購併也成為熱門的議題。從工業革命，到網路時代來臨，到如今行動裝置大為影響人們的生活，許多產業結構跟著改變，許多廠商的規模也愈趨大型化；各個企業主為了自家企業的長遠利益考量，除了自行進行投資外，也藉由購併別的企業，來加速擴大產業的規模。

購併本身並不能立即為公司帶來具體效益，通常購併之後的整合才是創造購併價值的開始。常見的購併考量可分為「綜效式購併」以及「財務式購併」，前者由企業經營者角度出發，著重於經營績效能否更上層樓，對於股東權益能否提升；後者則是以投資者角度出發，著重於購併後的效益，能否對整體財務結構有利。

所謂綜效式購併，重點在於購併之後，母企業本身的營運成績能否進一步提升，或是獲得中長期發展的新機會；而在綜效式購併當中，又可分為水平式購併、垂直式購併、關聯式購併、複合式購併等類型。

首先，水平式購併即是在同業之間進行合併，簡單說就是把競爭對手買下來，提高市占率、減少競爭，像是大聯大購併友尚等。

其次是垂直式購併，簡單說就是往上游的原料供應商，或是下游的客戶（買主）進行購併，以穩定上游原料來源，或是創造下游產品出海口。

再來是關聯式購併，即為了達到某種特定目的所進行的購併，像是為了打入中國市場，直接購併在中國布局多時的業者，或是為了取得關鍵技術，直接購併擁有該技術的業者等。

至於複合式購併，指的是兩家不同產業、沒有業務往來的公司間進行的購併。

財務式購併的著眼點有很多，像是一些負債很低的公司，由於潛在融資能力佳，只要有公司看上其融資能力，就有可能被購併；或是基於稅務考量，去購併大量虧損的公司，能夠降低購併者的盈餘，進而達到租稅遞延的效果。

購併的成效在於整合後能否發揮綜效，投資人在研判時，可依照幾個項目來觀察，若是符合愈多項，則代表後續效益較易發揮，購併之後也較容易成功。

首先，購併公司本身是否具有強而有力的核心事業，在購併他人之後，能夠增加競爭力，而非單純因爲資金充裕而進行投資：再來，通常經營績效佳的公司購併經營績效差的公司，較容易成功；規模不大且相關的購併較容易成功；購併之後能提升市占率，創造出產業中的龍頭廠商者較容易成功；通常購買第二或第三大的公司也較容易成功……等。這些是投資人在觀察一件購併案能否成功時的重點，只是由於購併的複雜度較高，有了這些特徵，仍不保證購併能夠成功，最終股價能夠上漲。

購併失敗的案例也不少，若回頭檢視通常有幾個造成失敗的原因，像是購併策略錯誤、購併錯誤企業、購併價格過高、購併後整合不佳、無法實現綜效等，其中對於購併價格評估過高，常常是造成購併案失敗的主因。像是由於同業競爭，於是花了比市場價值更高的價格來進行購併；或是被購併公司當初幾個錯誤的決策，在購併公司進行評估時輕忽了其後遺症，結果在購併後影響才逐漸浮現，造成新公司的營運不佳。

此外，一些公司為了反購併，有時也會訂立一些條款或採取一些動作來進行反制，像是修改公司章程、停止收購股票協議、採取損及公司價值的活動、公司易手時需補償高階經理人、尋找另一個友善公司來進行購併、賣掉公司內有價值的部門或資產……等。

對於投資人而言，通常在企業有意購併另一家企業時，市場因為出現傳聞，股價容易提前反應而上漲。由於研判企業購併策略不易，若是傳出有可能被購併的公司股價已經上漲一段，這時就要看購併的條件而定。

舉例來說，若是A公司評估後，決定以每股三十元購併B公司，而B公司的股價僅有二十四至二十五元，這時B公司的股價就會上漲，朝三十元邁進；若是A公司決定以換股方式來購併B公司，則可以就雙方換股比例來計算合理的股價，像是購併條件，B公司二股換A公司一股，即B公司合理股價即為A公司股價的一半，這時若是B公司股價不到A公司的一半，則股價就有漲升空間！只是別忘了，A公司的股價也可能出現下跌，讓B公司股價自動變成A公司股價的一半。

1分鐘選股指南

企業進行購併時的應對策略

當市場傳出X公司有可能被Y公司購併時，若X公司營運表現穩健，且股價位於低檔，投資人可將X公司列入觀察；而當購併成真，相關條件出來時，先看是以換股或是現金方式購併，若是換股則計算合理股價，若是X公司偏低，則有上漲機會；只是需留意Y公司股價可能下跌的風險，將影響到預估的被購併價格。

70 企業分拆事業體，新舊公司之間如何下定投資抉擇？

當一間企業由創立到逐漸發展至一定規模後，營運容易遇到瓶頸、業績成長放緩，為了尋求進一步的突破，該如何殺出重圍，帶領企業再創下一個高峰，便成為每位企業主都會面臨的問題。

一般企業在成長趨緩後，較常採取的策略通常是朝多元化經營，或往上下游發展，由企業內部設立新事業部門，或是業外轉投資的方式，以達成擴展營運版圖的目標。這時隨著一個個事業體的成立，整個營運版圖就由單一企業成為旗下擁有多家事業體的集團。投資人在新聞報導中常聽到的統一集團、台塑集團、亞東集團、東元集團、鴻海集團、友達集團等，皆屬於這類範疇。

只是商場上在商言商，無論是部門、企業甚至集團經營的目的，都是追求「商業利益」，部門之間有績效的競爭，同一集團旗下企業也有各自在營運表現上的競爭，這時便很容易出現利益衝突。

舉例來說，S企業旗下擁有M、N兩大事業部門，M部門主要從事研發及生產商品，N部門主要從事生產商品所用的包裝材料，原則上M部門應該採用N部門所提供的包裝材料來進行包裝；只是N部門所生產的包裝材料，成本不一定最低、效益也不一定最高，若是M部門選擇外部P公司的包裝材料，說不定整體成本更低、品質更好。

反之，N部門先前可能由於產能有限，接了M部門的訂單後，卻喪失接外部Q公司訂單的機會，若是N部門選擇Q公司的訂單，說不定比接M部門的價格來得更高、獲利來得更好。這時，便等於兩個部門互相牽制，對於S企業而言不見得有利。

為了讓利潤極大化，S企業可能會把M、N兩大部門獨立成兩個事業體，S企業成為持有M、N兩家企業股權的控股公司，而M企業能夠獨立在市場上選擇品質好且成本低的包裝材料，N企業也可以獨立在市場上選擇利潤較高的訂單，並且爭取更多客戶，只要M、N兩家企業的獲利都能因此成長，回饋到S企業上，也容易帶動S企業股價上揚，未來M、N企業掛牌之後，也有母以子貴的想像空間。

另一種常見的企業分拆，是由於企業本身擁有品牌及代工事業部門，這時企業的代工部門在爭取訂單時，很容易引起代工客戶質疑該企業一方面接其組裝代工訂單，另一方面卻又推出自有品牌與之競爭，不但不利於業績推廣，更容易造成原先的客戶將訂單轉向單純的代工廠（與其無競業關係的業者），進而對於企業營運產生衝擊。因此，將代工及品牌部門切割，分成兩個獨立的事業體，就成了另一種分拆模式。

舉例來說，華碩先前就面臨到品牌及代工部門相互牽制的問題，於是華碩就分割成現在以品牌為主的華碩（2357），及以組裝代工為主的和碩（4938）等兩個獨立的事業體，前者專心經營ASUS品牌，後者則專注於爭取代工客戶的訂單為主。

對於投資人而言，大型企業旗下原本獲利表現優於母企業、且產業具成長性的部門（或事業群），隨著企業分拆，後續一旦獨立掛牌上市時，由於股本較小，獲利較佳，所呈現的財報數字通常很亮眼，而這些新企業挾著優異的成績單，只要資本市場買單，股價就有大漲的契機！

舉例來說，一個股本一百億的E企業，每年賺四十億（全年EPS四元），可是當中有二十億是F事業體所賺來的，則當F事業體分拆出去成為F企業時，等於F企業以更少的資本額，卻同樣能賺到二十億（甚至超過），這時F企業就容易受到市場關注。

假設賺二十億的F企業分拆出去後，股本僅二十億，則全年EPS等於十元，股價自然容易大漲，這樣的好處是原先E企業的部分幹部握有F企業的新股票，財富容易成長，E企業集團得以留住人才；而大股東們由於同時握有F企業的股票，財富也將大增。

缺點是對於E企業的小股東來說，由於少了F企業這個二十億的獲利來源，等於在本業營運上只賺了二十億，獲利因此減少，這時E企業的全年EPS也會下降，股價就易跌難漲，只能寄託母以子貴題材或處分F企業股票貢獻獲利，來刺激股價上揚。

在投資上，以股本較小、獲利較佳的新企業，後續股價較有表現空間，值得留意；至於若是由於品牌及代工進行分割的企業，則仍回歸營運表現，兩者股價都有機會上揚，也可列入追蹤。

1分鐘選股指南

企業分拆事業體的選擇策略

先行檢視分拆目的，確認是分拆成長型事業體，或是分拆品牌及代工部門。若是分拆成長型事業體，則投資人可把焦點擺在新事業體上，尋求投資契機；若是分拆品牌及代工部門，則投資人可先確認新事業體的財報，選擇其中財報較佳者，作為投資標的。

◎提醒投資人，企業自創品牌並非營運萬靈丹，若是無品牌經營能力，反而不利於營運表現，最後容易落得不了了之的結果。

71 私募增資象徵著什麼意義，投資時如何聰明辨識？

先前提過在企業經營過程中，籌募資金是相當重要的一環，無論是增建廠房、擴充產能，或進行多角化經營的投資等，都需要資金。對於企業來說，像是現金增資、可轉換公司債、盈餘及資本公積轉增資等，都是常見的募資方式；只是由於前述增資方式，多數需要先向主管機關申報生效或是申請核准，審核程序複雜且費時，對於在短期內募集資金不利。因此在市場上，投資人也常會聽到企業以「私募」方式，發行有價證券來進行募資。

所謂私募發行有價證券，就是經過股東會代表已發行股份總數過半數出席，出席股東表決權三分之二以上同意，針對特定的投資人（非公開大眾）以發行股票的方式來募集資金，不須向證券主管機關申報生效，僅需於有價證券價款繳納完成日起十五日內，檢附相關書件，報請主管機關備查即可。

一般而言，參與私募的對象主要為能夠衡量、承擔風險及報酬的投資者，包括銀行業、票券業、信託業、保險業、證券業或其他經主管機關核准之法人或機構；符合主管機關所定條件之自然人、法人或基金；該企業或其關係企業之董事、監察人及經理人等。

近年來，台灣上市櫃企業有愈來愈多公司採取私募方式進行募資，對企業來說，私募具有下列優點：首先是籌資時間較短，不需經過冗長的申請審核，能滿足企業短期的資金需求；其次是發行條件較具彈性，企業能與參與私募的少數特定投資人個別協商，針對雙方需求來設定發行條件，契約內容較具空間；再來則是無須透過承銷商、會計師、律師等簽證，能夠降低募資成本。

企業進行私募時，往往會先探詢特定人的承銷意願，不僅可以降低募資失敗的不確定性，也能適度選擇發行對象，較容易掌握資金來源，提高公司控制權；況且以私募方式籌資，發行公司僅需揭露投資者要求的資訊，不必大量揭露內部資訊，能避免公司內部具機密性及商業性的資訊洩漏給競爭對手；此外，參與私募的特定人，由於本身有其專業性，若在取得股權之後，能夠以自身資源協助企業提升經營效率，也有助企業發展。

有時企業由於業務發展考量，與其他企業進行策略聯盟時，會以私募方式發行新股，讓對方持有其企業股票，這樣雙方的利益才會一致；有時若是企業需要營運資金，而關係企業也有閒置資金時，有的企業也會進行私募，而相關有價證券由關係企業購入，以融通資金。

至於若是雙方企業有合併意願時，有時也會將私募股權售予主併公司，以降低併購成本；而對於財務狀況不佳、甚至面臨財務危機的企業，由於通常較難在公開市場籌措資金，若以私募方式發行有價證券，不僅能與特定投資人進行協商、引進資金，一方面也能藉此尋找新發展方向，進而改善公司體質，提升公司價值。

只是雖然私募方式較具彈性，也有一些法令上或是先天上的限制，像是私募有價證券需持有滿三年以後，才可自由流通轉讓，變現性較一般公開募集之有價證券來得差，若是所參與私募的企業在三年內營運不佳，則不易出脫持股，投資風險相對較高；而由於私募股權在三年後才能自由轉讓，為了提高投資者之購買意願，私募股權多以折價發行。

根據現行法令，企業辦理私募有價證券時，若是私募價格低於參考價格八〇%者，發行公司需委託獨立專家出具價格意見，所以目前較常見到的發行價格多是在參考價格（近乎於市價）的八〇%附近。畢竟對現有股東而言，企業折價發行新股，等於私募股東得以較低成本參與企業的盈餘分配，若是無法替企業的發展帶來好處，反而會引發現有股東的拋售潮，不利股價。

隨著進行私募的上市櫃企業愈來愈多，對於投資人而言，觀察重點在於參與投資的特定人是誰？對於一些具有技術、通路、品牌價值的企業，營運不佳可能只是短期現象，只要有足夠的資金度過困境，營運就有機會重回成長軌道，這時若有大型集團如鴻海集團、統一集團或國際知名企業等，藉由私募方式入股，接著一方面帶入經營管理能力，一方面透過訂單轉移方式，挹注其營收增加等，該企業的業績就會明顯成長，進而推升股價上漲，值得投資人多加留意。

1分鐘選股指南

企業辦理私募增資的分析要點

當企業決定辦理私募時，投資人宜先釐清是誰參與私募案，若是引進的特定投資對象，未來可望帶入新技術、新訂單，或是新管理能力，進而提升該企業的業績時，則該企業的後續發展就具轉機性，股價也值得期待；反之，若是該私募案僅是一般增資，用來改善財務結構，無法帶來進一步發展的想像空間時，則投資人僅需觀望即可。

72 標案入帳進入高峰，哪些類股發展看俏？

「〇〇國防標案入帳，貢獻獲利顯著！」「LED路燈標案入帳，〇〇營收創新高！」「〇〇標案入帳將進補！」「標案入帳延遲，〇〇今年營收恐現衰退！」「標案穩定入帳，〇〇單月營收維持高檔！」「半導體廠啟動擴建，〇〇工程入帳高峰可期！」

我們不時可以看到如上述提及「標案入帳」的報導。對於企業而言，標案金額大小、入帳時間點往往影響業績甚深，究竟投資人該如何因應這一類型的產業呢？

對於傳統製造業而言，生產商品進而銷售商品，最終產生營收及獲利是常見的營運模式，這一類型的企業營收不易大幅波動，每個月的營收表現與銷售市況及產業淡旺季有關；只是有部分企業的營運模式則不同，像是承接政府或民間企業工程標案的業者，抑或生產重要設備的業者，由於接單、出貨或提供服務與款項入帳時間有所落差，無法像一般企業每個月都有穩定的營收表現。

因此，對於這些企業而言，每個月公布上月營收時，營收數字就很容易出現大幅波動；若是前一個月分有標案工程或設備金額入帳時，單月營收數字往往會出現大幅度的成長；反之，當月分若沒有標案工程或設備金額入帳，營收數字則會回歸平淡。

以半導體或面板設備業者為例，由於這類廠商生產的設備，單筆訂單金額龐大，生產期間約三到六個月，並且必須等待相關客戶驗收完畢後，才能一次性全額認列銷貨收入；且由於從在製品至製成品的完工生產期間約需三至六個月，等待客戶驗收完工也需約三至六個月，合計營業周期約為六至十二個月，若當月無設備完成驗收，其營收來源僅有維修服務及材料買賣的業務，那麼當月營收就會表現平平。

而當客戶驗收完畢，公司能夠一次性全額認列銷貨收入時，當月營收就會有爆發性成長，所以這類型公司的每月營收變動起伏較大，像是半導體設備的漢微科（3658）、弘塑（3131）、帆宣（6196）、漢唐（2404），自動化設備的盟立（2464）及志聖（2467）等，就屬於這一類的公司。

若投資人在觀察營收變化時，只看月增率或年增率，單純與上月或是去年同期比較，忽略了產業特性，就很容易誤解一家企業的營收表現好壞。當這類以標案入帳為主要營收的企業，營收月增率出現三到五倍的大幅成長，很可能只是標案入帳貢獻營收；而當其營收月增率出現七〇％到八〇％的衰退時，很可能只是因為當月處於入帳空窗期，沒有標案金額入帳所致，並非企業營運出現狀況。

以網通設備業者為例，許多承接企業標案的網通設備廠，通常手上會同時有許多標案工程在進行，而由於這類的網通設備標案工程在施工或服務完成後，必須等待客戶驗收才可以認列營收，因此，也常出現相關廠商已陸續交貨，但是標案款項尚未入帳的情形，這時如同前述一般，這些企業也會出現單月營收大幅波動的情形，像是華電網（6163）近年取得中華電信多項標案，包括寬頻與被動光纖網路（PON）布建、機上盒接取設備都有經手業務，入帳時程往往影響營收表現。

相同類型的公司還有承接相關工程的業者，像提供建廠統包工程的中鼎（9933）則是以承接煉油、石化、化工、發電廠等工程為主，營收視入帳時程而定；而水利工程的國統（8936），隨著政府近年將水庫清淤工程列為重點項目，取得多項水庫清淤工程標案，後續營運入帳可期，未來業績值得鎖定。

觀察這一類型的企業時，由於標案入帳時間不定，因此單月營收的參考性較低，重點在於後續的「在手訂單」還有多少。所謂在手訂單即是一家公司已經拿下多少金額的工程訂單，或是接獲多少金額的設備訂單，而在手訂單金額愈高，代表未來可望入帳金額愈高，能夠認列的營收也愈高，後續營運就值得期待，有利於股價中長期的發展。

對於投資人而言，由於股價往往領先反應利多，所以從相關公司取得工程標案訂單開始，就可以將這些公司列入追蹤名單，其中若有出現營收陸續入帳，但股價尚未明顯反應的個股，後續一旦隨著營收入帳，單季獲利可望繳出亮眼成績時，股價就有向上表現機會，後市值得留意。

1分鐘選股指南

標案工程／設備股的觀察關鍵

觀察相關廠商「在手訂單」金額多寡，若是在手訂單愈高，並且呈現持續增加，即等於持續拿下相關工程／設備標案訂單，後續入帳金額就可望提高，對於營收及獲利就可望產生實質貢獻，有機會帶動股價上漲，後續可列入追蹤。

國家圖書館出版品預行編目(CIP)資料

只要1分鐘！看新聞趨勢，挑中倍數獲利潛力股／孫伊廷著. — 初版. — 臺北市：商周出版：家庭傳媒城邦分公司發行, 民102.12
面；　公分 —
（新商業周刊叢書；BW0520）
ISBN 978-986-272-463-7（平裝）
1. 股票投資　2. 投資分析
563.53　　102019442

新商業周刊叢書 BW0520

只要1分鐘！看新聞趨勢，挑中倍數獲利潛力股

作　　者／孫伊廷
企畫選題／黃鈺雯
責任編輯／黃鈺雯
版　　權／黃淑敏、翁靜如
行銷業務／周佑潔、張倚禎

總 編 輯／陳美靜
總 經 理／彭之琬
發 行 人／何飛鵬
法律顧問／台英國際商務法律事務所
出　　版／商周出版
台北市中山區民生東路二段141號9樓
電話：（02）2500-7008　傳真：（02）2500-7759
E-mail：bwp.service@cite.com.tw
發　　行／英屬蓋曼群島商家庭傳媒股份有限公司　城邦分公司
台北市中山區民生東路二段141號2樓
電話：（02）2500-0888　傳真：（02）2500-1938
讀者服務專線：0800-020-299　24小時傳真服務：（02）2517-0999
讀者服務信箱：service@readingclub.com.tw
劃撥帳號：19833503
戶名：英屬蓋曼群島商家庭傳媒股份有限公司　城邦分公司
香港發行所／城邦（香港）出版集團有限公司
香港灣仔駱克道193號東超商業中心1樓
電話：（852）2508-6231　傳真：（852）2578-9337
E-mail：hkcite@biznetvigator.com
馬新發行所／城邦（馬新）出版集團
41, Jalan Radin Anum, Bandar Baru Sri Petaling,
57000 Kuala Lumpur, Malaysia.
電話：（603）9057-8822　傳真：（603）9057-6622
E-mail：cite@cite.com.my

封面設計／黃聖文
內文設計排版／黃淑華
印　　刷／韋懋實業有限公司
總 經 銷／高見文化行銷股份有限公司
電話：（02）2668-9005　傳真：（02）2668-9790　客服專線：0800-055-365

■ 2013年（民102）12月初版
■ 2014年（民103）1月14日初版4刷
ISBN 978-986-272-463-7

Printed in Taiwan

城邦讀書花園
www.cite.com.tw

定價350元

廣　告　回　函
北區郵政管理登記證
台北廣字第 000791 號
郵資已付，免貼郵票

104 台北市民生東路二段 141 號 2 樓

英屬蓋曼群島商家庭傳媒股份有限公司

城邦分公司

請沿虛線對摺，謝謝！

書號：BW0520　書名：只要 1 分鐘！看新聞趨勢，挑中倍數獲利潛力股　編碼：

請於此處用膠水黏貼

商周出版

讀者回函卡

感謝您購買我們出版的書籍！請費心填寫此回函卡，我們將不定期寄上城邦集團最新的出版訊息。

姓名：＿＿＿＿＿＿＿＿＿＿＿＿＿＿＿＿ 性別：□男 □女

生日：西元＿＿＿＿＿年＿＿＿＿＿月＿＿＿＿＿日

地址：＿＿＿＿＿＿＿＿＿＿＿＿＿＿＿＿＿＿＿＿

聯絡電話：＿＿＿＿＿＿＿＿＿＿ 傳真：＿＿＿＿＿＿＿＿＿＿

E-mail ：

學歷：□ 1. 小學 □ 2. 國中 □ 3. 高中 □ 4. 大學 □ 5. 研究所以上

職業：□ 1. 學生 □ 2. 軍公教 □ 3. 服務 □ 4. 金融 □ 5. 製造 □ 6. 資訊

□ 7. 傳播 □ 8. 自由業 □ 9. 農漁牧 □ 10. 家管 □ 11. 退休

□ 12. 其他＿＿＿＿＿＿＿＿＿＿＿＿＿＿＿＿

您從何種方式得知本書消息？

□ 1. 書店 □ 2. 網路 □ 3. 報紙 □ 4. 雜誌 □ 5. 廣播 □ 6. 電視

□ 7. 親友推薦 □ 8. 其他＿＿＿＿＿＿＿＿＿＿＿＿＿＿

您通常以何種方式購書？

□ 1. 書店 □ 2. 網路 □ 3. 傳真訂購 □ 4. 郵局劃撥 □ 5. 其他＿＿＿＿

您喜歡閱讀那些類別的書籍？

□ 1. 財經商業 □ 2. 自然科學 □ 3. 歷史 □ 4. 法律 □ 5. 文學

□ 6. 休閒旅遊 □ 7. 小說 □ 8. 人物傳記 □ 9. 生活、勵志 □ 10. 其他

對我們的建議：＿＿＿＿＿＿＿＿＿＿＿＿＿＿＿＿＿＿＿＿

＿＿＿＿＿＿＿＿＿＿＿＿＿＿＿＿＿＿＿＿

＿＿＿＿＿＿＿＿＿＿＿＿＿＿＿＿＿＿＿＿

【為提供訂購、行銷、客戶管理或其他合於營業登記項目或章程所定業務之目的，城邦出版人集團（即英屬蓋曼群島商家庭傳媒（股）公司城邦分公司、城邦文化事業（股）公司），於本集團之營運期間及地區內，將以電郵、傳真、電話、簡訊、郵寄或其他公告方式利用您提供之資料（資料類別：C001、C002、C003、C011 等）。利用對象除本集團外，亦可能包括相關服務的協力機構。如您有依個資法第三條或其他需服務之處，得致電本公司客服中心電話 02-25007718 請求協助。相關資料如為非必要項目，不提供亦不影響您的權益。】

1.C001 辨識個人者：如消費者之姓名、地址、電話、電子郵件等資訊。
2.C002 辨識財務者：如信用卡或轉帳帳戶資訊。
3.C003 政府資料中之辨識者：如身分證字號或護照號碼（外國人）。
4.C011 個人描述：如性別、國籍、出生年月日。

請於此處用膠水黏貼